Le Rhône à pied du Glacier à la mer.

Le Rhône à pied du Glacier à la mer.

Edition : BoD – Books on Demand, 12/14 rond-point des Champs Elysées, 75008 Paris
Imprimé par BoD - Books on Demand GmbH, Norderstedt, Allemagne
ISBN : 9782810613700
Dépôt légal : mars 2013

Le Rhône à Pied

Du Glacier à la mer.

Voyage de Patrick Huet

Description des chemins à suivre

Textes et photos de Patrick Huet.

Préambule

Patrick Huet (écrivain) a longé le Rhône en suivant les berges du 27 juin au 29 juillet 1998. C'était le premier à réaliser un tel projet.

Un périple fantastique qui démarre de la haute montagne, depuis un glacier, et se termine devant les plages de la Méditerranée.

Un voyage sous le bleu de l'été, le bleu des glaces, le bleu du Léman et le bleu de la mer.

Ce livre vous décrit la meilleure façon d'accomplir une telle aventure, quels chemins emprunter, mais il fournit aussi une très grande densité d'informations sur tout le Rhône et ses abords immédiats.

Dépôt légal : août 2010

ISBN : 978-2-8106-1370-0

Pour tout contact :

Patrick Huet – 73 rue Duquesne 69006 Lyon.

SOMMAIRE

Les différents paysages :
(aspect du terrain, culture, etc.)

INTRODUCTION

Patrick Huet, écrivain et poète, s'était longtemps bercé par le rêve de découvrir un fleuve dans sa totalité.

Un beau jour d'été, il décida de faire de ce rêve une réalité et entreprit alors une aventure incroyable, longer tout le Rhône à pied du glacier jusqu'à la mer. Un périple qui inspirera d'autres parcours et d'autres personnes par la suite, mais qui était tout à fait inédit et insolite en cette année 1998.

Le voici donc ce 26 juin qui grimpe les derniers kilomètres de la montagne jusqu'au glacier, afin de commencer son grand voyage le lendemain – le samedi 27 juin 98.

Au fil de ces pages, il vous livre tous les chemins qu'il faut emprunter pour suivre au mieux, et au plus près, les berges du Rhône.

Plus encore, il agrémente son propos d'informations très précises sur les lieux, les monuments, les constructions (modernes ou antiques) qu'il faut absolument découvrir, l'origine de nom de villes...

De même, il évoque les passages difficiles à contourner, les obstacles auxquels on va se heurter. Mais également, l'aspect du terrain, les paysages, les cultures.

Bref, en plus du parcours du Rhône, il s'agit d'une véritable géographie vivante du fleuve qu'il vous dévoile au fil de ces pages très denses en terme d'informations et de dépaysement.

Cheminer le long du Rhône

Descendre tout le cours du Rhône en longeant ses berges ne comporte pas de difficulté notable dans sa plus grande totalité.

Hormis la fatigue inhérente à la marche, le poids du sac comprimant les épaules ou encore quelques malicieuses ampoules, le projet est abordable par tout un chacun. L'intensité, la vitesse et la durée de la marche quotidienne étant à prévoir avant le départ en fonction de l'effort physique que l'on sait pouvoir développer sans être lessivé au bout de quelques heures.

Il s'agit donc de s'entraîner auparavant afin de déterminer ses capacités et de les renforcer.

Certains marcheront 25 km sans aucun souci chaque jour, d'autres tourneront plutôt autour de 15 km. Le tout étant d'avancer à son rythme sans se voir terrasser par l'épuisement.

Ceci étant fixé, venons-en au Rhône.

Celui-ci prend son départ en Suisse alémanique (où l'on parle allemand), au Mont Saint-Gothard – lequel mont se situe dans la Chaîne des Alpes qui va de la France jusqu'en Autriche.

Le Rhône jaillit d'un glacier (Rhonegletscher)

qui dépasse les 3 500 mètres d'altitude et qui est ouvert au public. Un tunnel et des grottes ont été creusés à son extrémité, on y accède moyennant un droit d'entrée modique. À proximité, on y trouve un belvédère et un parking pour les véhicules. On peut donc s'y rendre en voiture ou s'y faire accompagner (si l'on veut ensuite longer le fleuve à pied en totalité ou sur une partie seulement).

Il est possible également d'y aller par les transports en commun.

Depuis la France, le train vous mène d'abord à Genève. Là, le réseau ferré suisse prend la relève jusqu'à Brig où vous descendez pour un train plus petit qui vous achemine à Oberwald, à une quinzaine de kilomètres du glacier.

Notons que vous pouvez acheter votre billet pour Oberwald dans n'importe quelle agence SNCF en France.

Raffinement suprême, une navette (minibus) vient chercher les voyageurs et les touristes à la gare d'Oberwald pour les conduire directement au parking du glacier. La station d'Oberwald est grande (pour une si petite commune) et comprend une salle d'attente, des friandises, etc. Bref, de quoi patienter si vous souhaitez prendre la navette, car son passage n'est pas fréquent.

Une remarque. Vous pouvez visiter le glacier et ses environs uniquement pour le plaisir, sans aucune perspective sportive, puis revenir par le rail un ou deux jours plus tard. Le temps d'un week-end par exemple.

En partant de Lyon par le premier train, vers les 6 heures, vous serez à Oberwald pour les 15 heures. Ce qui vous ouvre une belle après-midi de vacances.

Information importante : depuis mon voyage, une ancienne ligne de chemin de fer a été restaurée (l'ex-Glacier Express). Elle porte le nom de « Ligne sommitale de la Furka » et va d'Oberwald (1 368 m d'altitude) à Realp (1 538 m, sur un autre flanc du Mont Saint-Gothard, en s'arrêtant à la gare de Gletsch (1 757 m) au Belvédère proche du glacier (2 272 m), au col de Furka (Furkapass 2 431 m), etc.

Quelle date pour se rendre au glacier et entamer ce périple ?

Le réseau ferré fonctionne toute l'année. Toutefois, longer le Rhône en plein hiver nécessite un matériel autrement plus important qu'en été et l'habitude de se déplacer en haute montagne par de très basses températures sans compter les risques de tempêtes de neige.

En avril – mai, c'est l'époque de la fonte des neiges, celle des torrents qui dévalent les pentes, de la boue à n'en plus finir. Une période à réserver aux personnes n'ayant pas peur de se faire entraîner par des flots à la moindre imprudence et pour les amateurs de siestes dans les terres détrempées.

Vers la fin juin, en revanche, le terrain est sec. Autre avantage, l'entrée du glacier est alors dégagée et travaillée manuellement pour qu'on puisse en visiter l'intérieur. Fin juin, début juillet est donc le moment le plus propice pour le départ d'un voyage le long du Rhône.

En résumé, pour rejoindre le glacier, vous avez le choix de patienter une heure ou deux que le minibus arrive et vous y emmène ou de consulter les horaires du petit train, ou encore d'y aller à pied. Quinze kilomètres de marche ce n'est vraiment pas excessif. En outre, il serait dommage de ne pas découvrir pas à pas les deux berges du jeune torrent, à savoir le remonter d'un côté et le descendre de l'autre.

Pour ma part, je l'ai remonté rive droite (par la route) et je l'ai redescendu rive gauche (par les sentiers en pleine nature).

Pour information, cette route, une vraie et bonne route pour les véhicules, continue ensuite vers l'Italie par le col de Furka (à 2431 m), appelé Furkapass. En Suisse alémanique, cette route est parallèle aux rails du chemin de fer et au tracé du Rhône.

Si vous choisissez la montée à pied, munissez-vous d'une gourde et de quelque chose à croquer en cas de fatigue. Dans la commune d'Oberwald, une épicerie-boulangerie vous fournira le nécessaire. En parcourant Oberwald, vous serez surpris de voir toutes les maisons surélevées et juste posées sur quatre piliers de pierres plates amoncelées sans même un semblant de béton pour les maintenir liées. Au regard, l'équilibre de ces habitations paraît bien précaire, mais cela n'est certainement qu'une impression puisqu'elles sont ici depuis un nombre considérable d'années et toujours debout.

Ce sont de vrais chalets de montagne. Pour la plupart, faits de rondins de bois brut coupés sans aucun apprêtage ni vernis.

Sur la route, vous ne risquez pas de croiser grand monde, seuls quelques véhicules s'y hasardent durant les après-midis de juin. En période de vacances, la fréquentation est forcément plus intense. La montée est graduelle mais constante. Vous avez le plaisir de voir le Rhône se précipiter dans de profonds ravins.

Sept kilomètres plus loin, vous arrivez au hameau de Gletsch, c'est-à-dire guère plus qu'une poignée de bâtiments, dont un hôtel très chaleureux et judicieusement nommé l'« hôtel du glacier du Rhône ». À raison d'ailleurs puisqu'autrefois, en 1851 (c'était alors une petite auberge qui s'est agrandie en 1857, date où elle prit son nom actuel) le glacier touchait ses murs. Ce n'est plus le cas aujourd'hui. Il a reculé progressivement au dix-neuvième siècle et au vingtième.

Il est important de noter que le recul n'est pas constant. Il est même arrivé qu'il regagne de la longueur lors de saisons plus froides, parfois de plusieurs kilomètres.

Quoi qu'il en soit, en 1998, il avait régressé de 3 km par rapport à l'auberge (sur une période d'un siècle et demi) et l'on voyait les éclairs bleus de la glace qui se dressait au sommet d'une falaise de roches à 700 mètres au-dessus du sol. Trois kilomètres de terrain plat tout de même pour arriver à la base de cette falaise.

Pour toucher la glace de vos propres mains, continuez sur cette même route qui serpente à flanc de montagne. Elle vous mènera au Belvédère. La pente va s'accentuer, devenir de plus en plus vive sur une longueur d'environ 7 km.

Selon l'heure et votre état de fatigue, là encore, deux choix se présentent à vous.

Soit, vous prenez une chambre à l'hôtel du glacier (vous pouvez réserver depuis la France ou dès votre arrivée) et profitez de la fin de l'après-midi pour flâner le long des 3 km de torrent jusqu'au pied de la falaise. Notez que 3 km à l'aller signifient 3 km au retour ; donc 6 km qui s'ajoutent au 7 km déjà réalisés depuis Oberwald. Mais cela en vaut la peine. Voir le jeune Rhône bondir et rebondir dans un magnifique éclat d'opale efface toute fatigue. Et fouler de près le couloir que le glacier a érodé tout récemment vous permet de comprendre comment celui-ci rase la roche tendre sur son passage.

Soit, vous vous rendez directement au Belvédère. Attention, ces 7 km de montée sans interruption exigent du souffle.

Heureusement, au Belvédère, un hôtel du même nom s'est installé. Si après la visite du glacier, vous ne vous sentez plus en état de refaire les 7 km en arrière, vous aurez toujours la possibilité de vous y reposer pour la nuit. Par ailleurs, 3 km plus loin sur la route, un refuge (à Furkapass) peut aussi vous accueillir. Il dispose de dortoirs avec trois couvertures pour chaque place, ce qui est judicieux. Croyez-moi, vers une heure du matin, à proximité du glacier, les trois couvertures, vous les mettrez (même en été) !

Pour en revenir au glacier, son accès est payant, mais pas cher du tout (dans les trois euros) et sans limite de temps. Il ouvre à 8 h 30. Le mieux est d'y être dès l'ouverture pour voir le soleil monter dans le ciel et donner au glacier des nuances variées. Il faut marcher une centaine de mètres sur des chemins pierreux avant de toucher la glace, une paroi d'un bleu fantastique.

Une grotte artificielle a été creusée à l'intérieur. Vous pouvez y pénétrer, elle a été conçue justement pour les visites.

À l'extérieur, vous verrez le lac d'eau qui s'étend sous le glacier et qui se déverse par-dessus la falaise de 700 m de tout à l'heure. Loin, tout au sommet du glacier, d'autres falaises, bleues cette fois-ci. Des falaises de glace.

RETOUR ANNIVERSAIRE AU GLACIER

Pour vous en donner un aperçu tactile des alentours du glacier, voici un extrait du journal de mon second voyage. En effet, en 2008, pour les dix ans de ma descente du Rhône, jour pour jour, je me suis rendu à nouveau au glacier du Rhône par le même chemin. Je vous livre ci-après mes impressions écrites sur le vif.

Un voyage à l'extrémité des glaces Voyage anniversaire des dix ans de la descente du Rhône à pied

Rien ne vaut une marche sur le haut des glaces pour vraiment se rendre compte de l'ampleur d'un glacier.

Pour accéder à celui du Rhône (en Suisse alémanique), j'ai d'abord emprunté une voie de plus en plus raide qui va de la commune d'Oberwald jusqu'au hameau de Gletsch.

Ce jour-là, le torrent du Rhône était en crue, deux fois plus puissant qu'il y a dix ans. Six kilomètres de marche, six kilomètres à grimper et grimper toujours, en voyant le Rhône se jeter sur les rochers dans un vacarme assourdissant.

La chute du Rhône

À Gletsch, j'ai continué durant encore trois kilomètres le long d'un sentier plat pour arriver à proximité des éboulis de roches en bas de la falaise et observer la chute du Rhône.

Pas question cependant de me hisser sur la falaise à main nue. Il soufflait un vent à décoiffer les pics de neige, et le froid transperçait les vêtements dès que le soleil se cachait derrière un nuage. Je suis retourné à Gletsch pour passer la nuit à « l'hôtel du glacier du Rhône ».

Dès l'aube, vers le glacier

Le lendemain, l'aube accueillit mes premiers pas en direction du glacier. À vol d'oiseau, trois kilomètres. Mais en suivant les lacets de la route (totalement déserte de voitures), il fallait compter près de six kilomètres. C'était surtout le dernier qui fut le plus pénible. La pente déjà bien prononcée devenait encore plus accentuée. Plusieurs fois, j'ai surpris des sifflements... personne ni devant, ni derrière ! Ce n'est que par hasard que je m'aperçus qu'il s'agissait de marmottes. Elles émettent des sifflements brefs, très saisissants.

La pointe du glacier : de sable et de glace.

Le glacier lui-même est fabuleux, mais il faut grimper sur son dos pour en découvrir l'écrasante surface

Les cinq cents premiers mètres sont en partie recouverts de sable, de petits gravillons (provenant certainement de la montagne aux alentours). Par endroits, on y trouve une fine pellicule de terre menée là, je suppose, par le vent. Vue de loin, cette pointe du glacier n'est pas très agréable au regard, toutefois si l'on se donne la peine de l'escalader de quelques pas, la vision change aussitôt.

L'aventure sur la glace

L'aventure commence réellement lorsqu'on prend pied sur la glace. Mais il faut être extrêmement prudent, car des failles surgissent parfois au travers même de la glace, certaines très étroites, d'autres, larges de plus d'un mètre. Si vous vous y hasardez du mauvais côté, un simple glissement du pas vous envoie au plus profond de l'entaille.

Évitez donc de vous en approcher. Ce n'est qu'avec les plus grandes précautions et en avançant de bas en haut que j'ai pu en aborder deux d'entre elles en toute sécurité et en prendre quelques vues.

Neige rose et falaise de glace

Une fois sortie de la zone noircie de sable et de gravillons, la neige magnifique vous attend. Elle recouvre cette partie du glacier. Quel plaisir de courir sur ces flocons blancs et même roses parfois ! Et lorsque l'on relève la tête, on ouvre grand les yeux sur les immenses falaises à sept ou huit kilomètres de là – des falaises de glace d'un bleu extraordinairement éclatant sous la lumière du matin.

À l'extrême limite du glacier

Là où il ne faut surtout pas s'aventurer seul, c'est à l'extrême limite des glaces, là où elles se terminent.

Pour ma part, je m'y suis rendu uniquement parce que j'avais eu la chance d'y déceler un passage permettant d'accéder à l'endroit même où le torrent du Rhône prend naissance et se précipite hors du glacier.

Sous la paroi de glace, un lac s'est formé, mais un lac rugissant animé d'un courant formidable. J'étais sur le rocher où ce torrent explosait, tourbillonnait, avant de bondir par-dessus la falaise. Voilà pourquoi, il ne faut pas y aller seul. Un simple faux mouvement, on glisse et l'on est emporté par la force du torrent puis déchiqueté par une chute de plusieurs centaines de mètres.

Conscient du risque, je n'ai même pas voulu me mettre à plat ventre pour toucher le torrent de la main (il était proche à ce point), préférant rester fermement accroché et en prendre des photos impressionnantes de souvenirs.

Le Rhône – dix ans après, le 27 juin 2008.

LES MEILLEURS CHEMINS POUR SUIVRE LE RHÔNE

À vous de jouer maintenant. À vous d'effectuer :

Les premiers pas le long du Rhône.

DU GLACIER À BRIG

Sauf à descendre la falaise à mains nues, activité pour sportifs accomplis, vous emprunterez tout d'abord la route que vous aviez suivie pour venir au Belvédère. Ceci sur 1 km environ. Vous verrez ensuite un sentier très raide qui dévale en biais le flanc de la montagne et se termine à cinq cents mètres du torrent, rive gauche. Ce raidillon est visible depuis le Belvédère, vous le repèrerez donc facilement.

Les abords du torrent sont plats (cela est dû à la circulation du glacier), parsemés de hautes herbes. Au loin, on distingue quelques vaches et la ferme de Gletsch où l'on fabrique du fromage.

Vous passerez de nouveau devant l'« hôtel du glacier ».

Traversez ici la route bitumée pour aller sur le côté gauche. En continuant à descendre, vous verrez une pancarte indiquant (toujours sur la gauche) la direction du sentier de randonnée un peu avant le premier pont qui surplombe le Rhône. En contrebas, un deuxième pont – en pierres – sous lequel le Rhône rugit de tous ses flots.

Désormais, l'aventure est à vous.

Le sentier, parfois très escarpé, est néanmoins parfaitement discernable. Quelques passages sont vraiment raides, mais aux endroits les plus difficiles, une corde est rivée à la roche pour que l'on puisse s'y tenir. Sur votre droite, le torrent se fracasse contre de gros blocs de rochers, fulgure en cascades... Parfois, il ne coule plus, il chute. Il se déverse en cataracte. Impossible donc d'y naviguer même en canoé.

À un moment, vous le verrez tourbillonner sous forme d'un entonnoir comme si un trou en son lit l'aspirait profondément.

Le paysage est splendide. Prenez garde toutefois à ne pas commettre d'imprudence.

Le sentier finit à Oberwald vous permettant

de visiter les lieux si vous ne l'avez pas encore fait.

Depuis son départ, le Rhône prend une teinte blanche du fait de sa vitesse. Il en sera ainsi durant plusieurs jours de marche, tant que le courant fera précipiter fortement les eaux du torrent. Parfois, des amateurs de sensations partent d'Oberwald pour une équipée en raft.

Continuez toujours rive gauche.

Après Oberwald, un chemin bien dessiné remplace le sentier. Un chemin plat, conçu pour les piétons comme pour les cyclistes, entretenu à la perfection avec le souci du détail des Suisses.

À chaque carrefour est planté un panneau comportant deux croquis : un vélo et un bonhomme à pied (symbolisant le cycliste et le marcheur). Il est indiqué les minutes nécessaires au cycliste ou au marcheur pour atteindre les deux communes suivantes.

Cette piste cyclable longe une bonne partie du Rhône jusqu'au Léman, avec toutefois quelques passages délicats où il faudra s'engager sur la rive opposée ou s'éloigner du fleuve.

Quatre kilomètres après Oberwald, un camping accueille les touristes à Ulrichen. D'autres vont s'échelonner au fil du Rhône.

Toujours rive gauche.

Un peu avant Ernen, le chemin cyclable exécute une importante boucle en s'écartant du Rhône pour contourner des fermes. Les téméraires tenteront malgré tout de marcher au bord de l'eau sur l'herbe des prairies. (Il vaut mieux demander l'autorisation aux propriétaires auparavant). Les autres emprunteront le chemin balisé qui n'en finit pas de grimper et de descendre à flanc de montagne.

À partir de Lax, le chemin est de nouveau plat et suit le fil de l'eau. L'on rencontre désormais des cyclistes, parfois des promeneurs habitant les environs. Des randonneurs (à pied), je n'en ai croisé aucun.

Une remarque d'importance : n'oubliez pas votre casquette et la crème solaire. En montagne, le soleil frappe fort et même les bruns en souffrent. (Il m'est arrivé à une semaine d'intervalle d'attraper deux coups de soleil successifs sur la même main. Dès l'utilisation de la crème solaire, plus rien.)

On arrive ainsi tranquillement à Brig, la première ville du Rhône 50 km après le glacier. En comparaison des hameaux et des petits villages précédents, elle paraît immense avec ses 11 000 habitants.

Vous ne manquerez pas le magnifique « Palais Stockalper » dominé par trois tours surmontées chacune d'une coupole dorée aux allures byzantines, le reste étant de style européen. Il fut construit dans les années 1600 par Kaspar Von Stockalper et appartient désormais à la ville. Sa cour intérieure forme un cloître où se superposent plusieurs promenoirs tandis que les bâtiments abritent la « salle des Chevaliers » dans laquelle ces derniers se réunissaient autrefois autour d'une table.... rectangulaire !

DE BRIG AU LEMAN (Bouveret)

La ville de Naters se déploie sur la rive opposée à celle de Brig. Comme un pont relie les deux communes, vous n'aurez que quelques pas pour vous y rendre. Vous le ferez d'autant plus que le chemin à partir d'ici est une merveille. Vous y découvrirez aussi un château, plus précisément une tour datant du douzième siècle. Le coeur de la Suisse était donc déjà très fréquenté dans les temps anciens.

Prenez rive droite.

Naters vous ouvre la voie sur une allée bordée d'arbres majestueux. En progressant, vous verrez des enclos à votre droite servant de pâturages à des chevaux curieux. Un peu plus loin, ils seront remplacés par des chèvres à la robe étonnante – la moitié avant étant noire et l'autre blanche.

Visp, prenez rive gauche.

Au niveau de Visp, prenez le pont pour rejoindre cette ville aux jolies maisons. Six mille habitants vous salueront d'un sourire.

La piste cyclable continue de ce côté. Attention, à un moment, elle finit brusquement. En face de vous, une rivière de 3 ou 4 m d'amplitude et tout le long de votre gauche, des arbres et des épineux. Bien sûr, aucune passerelle !

Des pêcheurs vous diront qu'on peut traverser sans problème, car l'eau ne nous arrive qu'à la poitrine. C'est à déconseiller formellement surtout si l'on est seul et chargé d'un lourd sac à dos. N'oubliez pas qu'il suffit qu'un pied dérape pour qu'on se retrouve dans le Rhône au fort courant et au lit plus profond.

Il existe en revanche un sentier qui se faufile dans la broussaille et remonte cet affluent jusqu'à un pont. À partir de là, des champs et des champs clôturés de barbelés. Ici encore, il y aura certainement un ou deux audacieux pour sauter le ru du bas-côté, se glisser entre deux barbelés, puis retourner vers le Rhône, et continuer alors de champ en champ. Ceux qui sont plus sourcilleux quant au droit de propriété suivront la route qui prolonge le pont. L'inconvénient est qu'elle s'éloigne du Rhône pour contourner tous ces champs dans une très large boucle. De ce fait, quelques kilomètres supplémentaires s'ajouteront à votre compteur avant de pouvoir revenir vers le fleuve. Sinon, la route elle-même est plane, sans aucun véhicule, tandis que des oiseaux invisibles pépient sur votre passage.

De toute façon, que ce soit par les champs ou par la route, vous finirez par toucher Raron, au bord du Rhône.

Pour les randonneurs : des campings officiels avec tout le confort se rencontrent régulièrement au fil du fleuve. Si vous privilégiez le camping sauvage en pleine nature, il faut parfois chercher un moment pour trouver un emplacement qui ne déborde pas de fourmis. Elles sont amicales, ne s'attaquent pas à l'homme pour lui grignoter l'épiderme, mais c'est quand même ennuyeux d'en sentir une ou deux trottiner sur votre cou durant la nuit.

Prenez rive droite.

À Raron, prenez rive droite.

Durant une heure, vous marcherez dans une allée merveilleuse dont les hautes branches des arbres s'incurvent pour former une tonnelle sans fin. Les oiseaux y sont nombreux et leur chant mélodieux. Ensuite, le bois disparaît et le terrain est plus accidenté.

À un certain moment, il sera nécessaire de progresser à flanc de montagne sur des chemins dits « chemins de chèvre ».

Il vous faudra grimper et grimper, mais vous aurez la chance d'admirer une belle cascade. Peut-être même serez-vous tenté de vous y attarder. En effet, sur ces pentes à découvert, le soleil en été est un tel coup d'assommoir qu'on aspire à une douche rafraîchissante. Attention également à votre provision d'eau. Alors que jusqu'à présent, on rencontrait des fontaines aménagées tous les 2 ou 3 km, depuis le pont de Raron, c'est plus de trois heures de marche au soleil sans le moindre point d'eau qui vous attend (hormis la cascade)

La prochaine fontaine vous la trouverez à l'entrée de Leuk.

Tout en y remplissant votre gourde, ne vous laissez pas convaincre par la fatigue de redescendre tout de suite vers la berge du Rhône. Continuez de monter vers le centre de Leuk. Un château remarquable est érigé au sommet de la ville. Sa visite mérite quelques lancements de jarrets supplémentaires sur une pente un peu accentuée.

À Leuk, prenez rive gauche.

Une fois le tour de Leuk terminé, descendez au niveau du Rhône et traversez le pont.

Vous arriverez dans une très belle région connue sous le nom de « Forêt de Finges ». Une forêt mystérieuse, quoique bien entretenue. Elle côtoie une partie totalement sauvage du Rhône, ce qui en fait un lieu de promenade très réputé.

Que ce soit avant ou après cette zone, le tracé du Rhône n'est pas tout à fait d'origine. Cela se remarque par le fait que les berges sont trop rectilignes pour que l'Homme n'y soit pas intervenu. Seulement, tant d'années ont passé, tant d'arbres et de végétation ont ourlé les berges que seul un oeil exercé ou averti décèlera cette rectitude.

Si vous venez en randonnée, un superbe camping vous accueillera, à l'orée de la Forêt de Finges, le « camping du Monument ». Ce qui vous évitera de planter la tente en plein milieu des bois. Qui sait si, la nuit, les mystères ne s'y s'épaississent pas davantage ?

Par la suite, il vous faudra, c'est sûr, rester vigilant pour garder la bonne direction. Un instant de distraction et vous avez vite fait d'emprunter une allée qui vous éloigne du parcours. Rien de grave – juste de la marche supplémentaire, ce qui finit par agacer les moins philosophes.

Vous arriverez malgré tout par rejoindre la commune de Sierre. À partir d'ici, vous êtes en Suisse romane (où l'on parle le français).

Comme toutes les villes importantes, Sierre s'annonce par de grandes routes, des artères bitumées. La circulation y est cependant assez calme et le centre-ville paisible. Plusieurs personnages célèbres y ont vécus, notamment le poète suisse Rainer Maria Rilke.

Si vos pieds sont toujours prêts à mordre la moindre pente, la colline de Pradegg les attend, ainsi que l'admirable château Mercier situé juste à son fait (que le constructeur a étêté pour obtenir une base plane pour les fondations).

Il est nécessaire parfois de grimper sur ces crêtes pour mieux appréhender les dimensions de la vallée et la façon dont le Rhône a façonné le paysage.

Toujours rive gauche.

Après Sierre, appelée aussi la cité du soleil, la piste évolue sur la rive gauche entre le Rhône et des vergers. Sur la rive opposée (la droite), au fil de votre marche, vous apercevrez d'autres vergers et des vignes qui grimpent à l'assaut des coteaux.

Jusqu'à maintenant, aux abords du Rhône s'étiraient principalement des pâturages. Désormais, ce sont de véritables plantations.

La vigne donne un cru connu sous le nom de « Fendant ». On fabrique aussi du jus de raisin rouge et du jus de raisin blanc, certains d'entre eux étant d'ailleurs pétillants (c'est du vrai jus de raisin, pas du vin).

En aval de Sierre donc, la piste cyclable est totalement plane ce qui favorise la progression et la rend plus rapide.

Sion n'est qu'à une volée de pas, environ 7 km. Une grande cité de 25 000 habitants au caractère aimable.

Deux monuments spectaculaires y furent érigés, pas dans la ville même, mais de chaque côté sur deux collines qui se font face. Deux sentinelles qui veillent jalousement sur la quiétude des enfants de la capitale du Valais. Il s'agit du château de Valère (plus exactement une église fortifiée) et le château du Tourbillon. Alentour : de hauts remparts, des vignobles en étages où les chemins pavés forment des zébrures.

Du fait de son fort courant, le Rhône est souvent blanc et continue de s'élargir. Sur la rive droite, des parcelles cultivées s'étirent encore et encore tandis que de notre côté, des bois protègent la piste cyclable.

Après Sion, au bout de 15 km, voici Riddes. Pas une ville très peuplée, mais suffisamment pour accueillir une gare et une belle salle d'attente. Le promeneur appréciera cette information en cas d'averses abondantes et ininterrompues. Il faut noter que cette partie de la Suisse est réputée la plus sèche du pays. Mais si par malchance une pluie drue vous surprend sur la piste cyclable, vous saurez qu'au terme du chemin un abri vous permettra d'attendre une accalmie.

En continuant rive gauche, vous arriverez à Martigny. Le coeur battant de la cité (maisons, commerces, etc.) ne se situe pas au bord du Rhône où vous ne distinguerez aucune bribe de construction. Il vous faudra donc quitter les berges du fleuve et remonter vers l'intérieur des terres sur 2 km environ. Mais l'effort est indispensable pour qui est à court de provisions. Ce qui donne la possibilité de découvrir par la même occasion les charmes de la cité.

Martigny est une grande et belle ville de 15 000 habitants encaissée à un coude dans la montagne. Ici, le Rhône s'est heurté à un socle rocheux si dur qu'il en a été dévié à 90 °, un angle presque d'équerre. Non loin de là, le regard se perd dans des vergers qui ondoient sous le vent. Rive droite, en arrière-plan, sur les coteaux directement sous le soleil la majeure partie de la journée, des vignes.

Au début juillet, les cerisiers sont en pleine saison. Certains ont poussé à l'état sauvage aux alentours de la piste cyclable. On peut donc en cueillir à foison. Plus haut dans la montagne, les cerises sont encore vertes.

Du haut d'une falaise, le château de la Batiaz (érigée en 1260) laisse aujourd'hui s'élancer vers le ciel une tour qui paraît immense face au vide qui la sépare de la plaine de Martigny.

De Martigny jusqu'au lac Léman (environ 36 km), le chemin est un plaisir pour la marche. Large, ombragé, vous croiserez désormais davantage de cyclistes qu'auparavant. Ils vous salueront amicalement avant de continuer leur promenade.

Vous verrez tout d'abord Saint-Maurice puis la ville de Monthey. Avec ses 15 000 h, c'est la capitale du Chablais — une région collée au Léman et à cheval sur la Suisse et la France. Elle part du Valais (en Suisse) jusqu'à Veigy-Foncenex (France) et forme un triangle en remontant vers Morzine. Monthey (qu'on appelait Montheil au XII° siècle) ne se trouvant pas au bord de l'eau, si vous souhaitez la visiter, il faudra entrer dans les terres sur quelques kilomètres puis revenir sur vos pas. Les montagnes aussi prennent de la distance et s'éloignent des berges.

Les nuits sont glaciales, même en juillet. Prévoir une petite laine, ou plutôt un duvet épais, pour reposer au chaud.

À partir des Evouettes (à 4 km du lac), le nombre d'habitations s'intensifie et s'approche de la piste cyclable. Les montagnes s'écartent de plus en plus de la berge en abandonnant la place à une étendue plane, à quelques industries, des maisons, et au lit du fleuve qui s'impose franchement à la vue.

Vous toucherez enfin au Léman !

Pour une bonne compréhension de son immensité, sachez qu'il mesure près de 73 km de long, et près de 13 dans sa plus grande largeur. Son volume est impressionnant : 89 milliards de mètres cubes d'eau. Ceci s'explique par sa profondeur moyenne de 152 m. Son point le plus bas : 309 m de profondeur. Si l'on devait effectuer le tour du lac, il faudrait plusieurs jours pour vaincre ses 200 km de rives.

La petite Camargue.

C'est ainsi qu'on appelle le secteur où le Rhône pénètre dans le Léman.

Autant vous le dire, il n'est pas des plus facile de reconnaître le vrai lit du Rhône et encore moins de le suivre – à pied sec s'entend, et sans égratignure.

Pour faire simple, nous avons trois bras. 1 - L'ancien lit du Rhône dit « le vieux Rhône », 2 - un petit canal assez étroit qui traverse un village portuaire (Le Bouveret) érigé au bord du lac. Et en Trois, le bras principal du Rhône, celui qu'on peut considérer à juste titre comme étant « le Rhône » puisqu'il draine désormais la quasi-totalité du débit du fleuve. C'est le canal du Rhône. Le débit du Rhône est si important qu'il pénètre avec une vigueur et une brutalité telle que la ligne d'impact (50 mètres de large, peut-être plus) bouillonne de vagues dépassant un mètre de hauteur. Même en restant une centaine de mètres en arrière de cette ligne de heurt, les vagues me revenaient régulièrement jusqu'au genou.

Le vieux cours du Rhône est de nos jours à l'abandon. Il se faufile un passage dans cette zone sauvage de la « petite Camargue » entre hautes broussailles, arbustes emmêlés et quelques flaques boueuses. Un paradis pour la nature – c'est d'ailleurs une réserve naturelle. Le marcheur y trouvera moins son compte à moins de se munir de bottes s'il veut vraiment aller jusqu'au terme du vieux Rhône.

Cela dit, même si vous ne vous engagez pas le long du vieux Rhône, vous avez la possibilité en passant par des petits sentiers de contourner les broussailles et de parvenir à un charmant port qu'il alimente toujours avant de se diriger doucement vers le lac.

DE BOUVERET À GENÈVE.

Le Rhône pénètre dans le lac au niveau de Bouveret, un petit port où dorment deux rangées de paisibles voiliers. La splendeur du Léman (appelé « lac de Genève » à Genève) vous laissera sans voix. Même à la frange du jour, ses eaux arborent déjà des nuances bleu sombre. À mesure que le soleil se hausse au-dessus des montagnes, les brumes s'effilochent. C'est une avalanche d'azur qui prend possession de votre champ de vision. Une limpidité de bleu absolument fantastique traversée par moments du vol blanc des mouettes.

Au village de Bouveret, continuez rive gauche.

Les Français aimeront passer sur la côte gauche du Léman dont une grande partie est française, mais rien ne les empêche de suivre la côte droite.

Ils y admireront une des perles du lac, le château de Chillon. À moitié palais et à moitié forteresse, ses murailles tombent directement dans les eaux bleues du Léman. Il a connu plusieurs constructions, mais la première description que l'on en a date de 1150.

Le château ne se situant qu'à 5 km de l'entrée du Rhône dans le lac, même si vous prenez par la suite la côte gauche, vous pouvez aisément faire un détour pour vous glisser entre ses murs et remonter le temps.

Soit dit en passant, beaucoup plus à l'intérieur des terres, à une vingtaine de kilomètres du Léman, la ville de Gruyère pourrait séduire quelques gourmets. Elle n'est toutefois pas accessible directement depuis Chillon, à cause des montagnes et des cols à franchir. À moins de partir de Vevey (qui dispose par ailleurs de petits trains).

Bien sûr, à Gruyère, « la maison du gruyère » (fromagerie) est à ne pas manquer, mais cela vous l'avez déjà compris. Le château de Gruyère lui aussi est une attraction réputée, car Gruyère est avant tout une cité médiévale.

Le secteur est décidément favorable aux

dégustations, puisque, après le salé du gruyère, le sucré du chocolat vient titiller le promeneur averti. À côté de Chillon, « le train du chocolat » part de Montreux (connu pour son festival de jazz) jusqu'à la fabrique des chocolats Nestlé. Plein d'énergie, vous en profiterez certainement pour grimper « les Rochers de Naye » tout proche (même si un train y conduit également) et passer de 375 m à 2 045 m d'altitude. Un extraordinaire balcon rocheux qui ouvre un panorama de 360° sur toute cette partie de la Suisse et de la France.

Pour celui qui choisirait la côte droite du Léman, d'autres châteaux jalonneront son chemin :

Vevey et le château de l'Aile. À noter qu'une statue de Charlie Chaplin se dresse à quelques mètres du lac, l'acteur ayant séjourné à Vevey avant de s'établir dans la région.

Le château de la Tour-de-Peilz.

Lausanne et le Château de Vidy (siège du Comité International Olympique) ainsi que le Château de Vennes. La Vidy étant par ailleurs la plus grande plage du Léman, bordée de petites forêts et d'espace vert.

Nyon et son château forteresse aux tours blanches coiffées d'ocre sombre datant du douzième siècle (un siècle apparemment fertile en châteaux).

Cela dit, puisqu'il faut choisir, nous continuerons sur le côté gauche.

Ce qui frappe au bout d'un certain temps, ce sont les splendides propriétés qui jalonnent la côte, parfois de véritables manoirs. Autre point : il n'est pas possible de suivre le bord même du lac du fait qu'aucun chemin ne se faufile entre ces propriétés et le miroir de l'eau. À moins de vous hasarder au travers de ces domaines, et vous faire prendre pour un voleur en maraude, vous n'aurez donc aucun autre choix que celui d'emprunter la Nationale 5 jusqu'à Évian. La route est toute proche du Léman, mais vous maintiendrez un oeil attentif sur la circulation automobile constante, dense et malheureusement bruyante. En contraste, les riverains sont continuellement sympathiques du côté suisse comme du côté français de cette région du lac qui s'appelle le Chablais.

La frontière et ses douaniers se présentent 4 km après l'entrée du Rhône.

Évian, ville à la boisson star, est

merveilleusement lotie au bord du Léman. Les frères Lumière y ont construit un château semblable à celui qu'ils possédaient à Lyon. Il se peut que son architecture soit un peu différente, mais à la vue, on dirait une copie complète.

Dès le hall d'entrée, ce lieu qu'on appelle à Évian le « Palais Lumière » est un palais dans le vrai sens du terme. Un éblouissement du regard. Non loin du Palais, vous remarquerez un grand bâtiment doté d'une immense verrière colorée. Il s'agit d'un musée consacré à l'eau d'Évian que vous pouvez visiter.

La découverte des vertus de cette eau est due au marquis de Lessert. Il se promenait dans les environs de la petite ville et, gagné par la soif, il but à la fontaine d'une propriété appartenant à Monsieur Cachat. Il continua ainsi régulièrement à boire à cette fontaine lors de ses promenades. Or, le marquis, affecté d'une certaine souffrance physique, constata bientôt une nette amélioration de sa condition. C'était en 1790. Le marquis en était si enchanté qu'il transmit la nouvelle autour de lui, et ce fut le début d'une grande aventure. Une société des eaux d'Évian fut créée, des bains, etc.. et la marque est désormais mondialement connue.

Pour en revenir au fleuve qui coule au milieu du lac, à quelque distance de la ville, et attendu que pour passer le Rhône, le mieux est d'être amoureux, ainsi que nous le chante une célèbre comptine, vous conviendrez avec moi qu'une halte au « Jardin des amoureux » ne peut qu'inspirer de beaux souvenirs. Même sans carte, vous le trouverez, sinon, un des Évianais (habitants d'Évian) vous en indiquera le chemin avec une sûreté absolue.

Plus loin, le camping d'Amphion-les-Bains vous sourira chaleureusement. En période estivale ou de chaudes saisons, les plus proches plages séduisent autant les vacanciers que les habitants locaux.

Il est intéressant de noter que la côte accueille des plages de vrai sable fin en provenance des montagnes, transporté par le Rhône ou d'autres rivières qui se déversent dans le lac.

Un de ces principaux cours se rencontre juste après Amphion-les-Bains. Il s'agit de La Dranse. Elle se jette dans le Léman en formant un grand Delta qui bénéficie actuellement du titre de réserve naturelle. C'est un espace où différentes espèces animales et végétales s'épanouissent en toute quiétude. Un détour à ne pas manquer. Nous sommes ici sur la commune de Publier, limitrophe à Thonon.

Encore un petit kilomètre, il vous sera impossible alors d'éviter le beau Château de Ripaille à l'entrée de Thonon-les-Bains. Érigé tout près du lac, il se niche dans un vaste domaine cultivé de vignes sur 22 ha, et comporte également de grands bois, des prés, des berges. Il date du quinzième siècle et se visite tous les jours. Sa cour intérieure est ouverte à tous. Vous pouvez vous y reposer un moment en admirant les quatre tours qui le surmontent.

Il appartient désormais à une fondation privée (la Fondation Ripaille). Un accord avec Thonon a concédé à la ville un quart de ses bois et de ses berges.

Toute la côte est resplendissante, embellie par la clarté du Léman, mais aussi par les travaux des humains. Ainsi en est-il du port de Thonon-Les-Bains, également de son jardin en terrasse juste en surplomb qui vous offre une longue vue sur les alentours.

Un peu en retrait par rapport au lac et près d'une grande route, vous aurez le loisir de goûter l'eau de Thonon, en « libre-service » pourrait-on dire, car accessible gratuitement à une superbe fontaine.

Cette dernière, surmontée d'un toit en « champignon » et égayée d'une colonne-fresque magnifiquement colorée, délivre aux passants de l'eau provenant directement de « la source de la Versoie ». L'histoire rapporte qu'elle a été baptisée ainsi par les Romains qui déjà appréciaient les vertus de son eau. On trouve l'eau de Thonon également en bouteille. Il est à noter que la source appartenait autrefois à Mlle Joséphine Antoinette de Lort, laquelle en fit don à la ville en 1852.

Ceux dont le sourcil se hausse d'intérêt au moindre effluve de mystère iront promener leurs semelles du côté du « lac de la Dame », beaucoup plus petit que le Léman, mais qui rappelle tant la « Dame du lac » des Chevaliers de la Table ronde. Qui sait si au crépuscule, des doigts féminins n'y apparaîtront pas ?

Après Thonon-les-Bains, à Sciez, vous verrez parfois les mouettes déserter le ciel et laisser place aux seigneurs des airs, « les aigles du Léman ». Ne vous inquiétez pas, ils sont apprivoisés et déploient des voltiges pour éblouir les visiteurs du parc du même nom.

Au bord du lac, vous irez absolument visiter Yvoire, à 6 km de là. D'ailleurs, face aux remparts de pierre inondés de fleurs, vous ne penserez qu'à franchir le porche et pénétrer dans l'enceinte du village. Ce dernier a reçu plusieurs fois le titre de « commune la plus fleurie de France ». Les rues, les maisons, les balcons cascadent de géraniums, de lierre et de plantes d'ornement.

C'est un village fortifié depuis 1306. Un village médiéval total qui n'a pas changé d'aspect et dont le château imposant s'élève en parfait état au bord même du lac.

Une dizaine de kilomètres plus loin, c'est de nouveau la frontière avec la Suisse. Hermance et son beau camping vous y attendent. Certains Genevois rayonnants d'amitié louent dans ce camping des bungalows où ils résident six mois par an et profitent ainsi des baignades, plongées et de la navigation sur le Léman.

Vous n'êtes plus très loin de Genève (dans les 15 km). Dès lors, vous devrez appeler le lac, « lac de Genève »

Le lac forme en gros l'image d'un croissant dont l'une des pointes, plus étroite, va d'Yvoire à Genève. À une époque, les cantons suisses n'étaient pas soudés comme aujourd'hui en un seul état, mais indépendants. Cette pointe, que d'aucuns nomment le petit lac, appartenait au canton de Genève. C'était donc le lac de Genève. L'autre partie du lac (le grand lac) était si longue et large que différentes entités se la partageaient (canton de Vaud, duché de Savoie, avant que celle-ci ne fût intégrée au territoire français en 1860). Ils la désignaient donc sous une appellation commune : le lac Léman, qui dérive du latin « Lemanus ».

Depuis, les cantons se sont réunis. Et chaque territoire a prolongé (au sens figuré) le nom de sa partie du lac sur celle de leurs voisins. Les Genevois appellent le lac entier, lac de Genève tandis qu'ailleurs, on évoque le lac entier sous le nom de Léman. Pour éviter toute querelle, le mieux est d'adopter le bon sens des Suisses en nommant les deux parties du lac, le petit lac et le grand lac et d'apprécier comme eux la beauté de son eau d'azur.

GENÈVE.

En vous approchant de la ville, ce que vous remarquerez d'abord, ce seront les quais. Ils sont si bien aménagés que vous y progresserez sans aucun cahot pour les pieds. Au loin, là où le lac se resserre, un trait blanc jaillit vers le ciel. Un jet d'eau immense de 140 m de haut.

Lors des jours venteux, une écharpe de gouttes irisées retombe comme un voile qui s'élargit à mesure qu'elle redescend.

Le Rhône sort du lac en passant sous le « pont du Mont Blanc » et continue dès lors sa vie de fleuve.

Rive droite du Rhône à Genève, et presque au confluent avec l'Arve, on y trouve un long parc très plaisant aux allées cyclables, conservant toutefois un aspect sauvage qui ouvre le pas vers des promenades aux nuances d'aventures.

La pointe de terre au confluent des deux cours d'eau s'appelle la « Jonction ».

À l'office de tourisme, l'on vous fournira volontiers un plan de la ville. Vous pourrez ainsi découvrir Genève selon votre emploi du temps, traverser l'Arve où vous le souhaitez, visiter à votre gré monuments et quartiers.

L'Hôtel de Ville représente par ailleurs un des fleurons historiques de la ville, par son architecture, par les accords qui y ont pris naissance. Ici s'est tenue la première réunion qui a permis la création de la Croix Rouge, ou encore la première assemblée de la Société des Nations, remplacée ensuite par l'ONU

(Organisation des Nations Unies) dont le siège se trouve dans un vaste parc à proximité du lac.

La célèbre ponctualité suisse et leur don de création dans le domaine de l'horlogerie ne pouvaient laisser indifférent même un jardinier.

Ainsi fut conçue en 1955 l'« Horloge fleurie » un parterre de 6 500 fleurs de différentes couleurs qui dessinent un cadran d'horloge surmonté de ses deux aiguilles. Plus qu'un médaillon de fleurs, c'est devenu avec les embellissements du temps une oeuvre d'art.

DE GENÈVE À GÉNISSIAT.

Le Rhône s'échappe du lac en passant sous le pont du Mont Blanc pour se glisser à travers la ville. Sa vitesse est très modérée, en tous les cas difficilement notable lorsqu'on l'examine. C'est un large ruban étincelant de vert avec des reflets bleutés selon l'orientation du soleil et l'heure de la journée. Mais le matin, c'est très souvent le vert qui prédomine. La voie sur berge suit exactement son parcours ainsi qu'une longue suite d'immeubles tels qu'on en rencontre dans le coeur de toutes les grandes villes d'Europe.

Sur la gauche une ancienne usine hydroélectrique voit sa belle façade se mirer toujours dans le fleuve. Sa construction date de 1893, accompagnée du barrage du Seujet. Ses activités ont cessé en 1960. Depuis, sa destination a changé. Sa vocation est maintenant celle d'une salle de spectacles.

Ce qu'il ne faut surtout pas manquer, c'est la confluence de l'Arve et du Rhône une dizaine de minutes à peine après l'usine hydroélectrique.

Les eaux de l'Arve d'une sérénité totale et d'une teinte très particulière, un blanc cassé, m'ont inspiré l'expression de « la rivière Blanche ». La ligne de rencontre du Rhône Bleu et de l'Arve blanche, la façon dont les eaux s'entremêlent est absolument admirable.

Continuez Rive gauche.

Les derniers immeubles de Genève finissent dans un parc qui, lui-même, se prolonge en une grande forêt. Le problème n'est pas tant les arbres que celui de choisir le bon sentier. Certains s'éloignent de l'eau et il faut alors soit faire demi-tour pour localiser une autre piste, soit accepter un long détour pour retrouver la berge au sortir des bois.

Si vous campez dans la forêt, vous constaterez qu'elle renaît différemment à la nuit tombée. Des cris de toutes sortes, brefs, parfois stridulants, d'autres pareils à des gémissements, tandis que durant le jour, les cris d'oiseaux sont plus cristallins.

Plusieurs ponts enjambent le Rhône. Si le parcours aventureux dans les bois ne vous tente pas, vous avez donc libre-choix de continuer sur la rive droite plus aisée. La frontière France/Suisse n'est pas située au même niveau. Rive gauche, le territoire suisse se prolonge une huitaine de kilomètres de plus que sur la rive droite. Si vous optez pour la rive droite, vous entrerez plus vite en France et vos pas fouleront bientôt les jolis chemins ombragés de Challex jusqu'à Chancy.

À hauteur de Chancy, un pont vous permet de passer d'une rive à l'autre, pour.... dire bonjour au douanier, voir s'il existe un chemin de halage... Lors de mon passage, rien d'intéressant ne se montrait au premier regard, mais depuis des chemins ont peut-être été aménagés.

Revenez rive gauche – le terrain y est plus praticable. De ce côté, le territoire suisse se poursuit encore sur quatre kilomètres environ au milieu des champs et des bois. Tout d'abord, vous foulerez une prairie bordée d'une haie d'arbustes, puis un sentier vous fera pénétrer dans une longue forêt.

Sur votre route surgiront des sentiers secondaires, des embranchements, parfois une piste couverte de lattes de bois pour éviter les emplacements boueux (en période de pluie). La berge n'est pas visible. De toute façon, à moins de tailler un passage dans les branches, il faudra accepter de vous éloigner du Rhône pour pouvoir avancer dans des conditions de marche acceptables.

La forêt finit brusquement dans de nouvelles prairies d'un vert très vif. La vision est ample — le Rhône tout autant. Il approche les 700 m d'envergure !

Le défilé de l'Écluse (un resserrement du lit du Rhône) apparaît alors, juste au-delà d'un grand pont. Un choix difficile vous attend : rive droite ou rive gauche. Dans ce cas comme dans l'autre, les berges sont rarement accessibles et vous ne toucherez jamais l'eau, car ce ne sont que des falaises.

Si vous vous décidez pour la rive gauche, prenez quand même le temps de traverser le pont et d'aller visiter à 500 m de là le Fort l'Écluse situé tout en hauteur. Une fantastique escalade de marches pour atteindre le Fort, mais de là-haut, vous embrassez du regard une immense étendue de la vallée.

César avait établi en ces lieux une première structure, actuellement disparue. Puis au Moyen âge, on y érigea une maison forte que l'on transforma en château féodal (vers 1305). Au fil du temps, on y apporta de nouveaux agrandissements, une nouvelle enceinte... pour lui donner enfin son aspect actuel, une masse de remparts et de fortifications apte à résister aux assauts des envahisseurs.

Continuez Rive gauche.

Jusqu'à Bellegarde-sur-Valserine, la rive n'est qu'une suite de prairies entrecoupées de bosquets, de haies d'arbustes. Des sentiers mènent à la falaise et en repartent aussitôt. Pour celui qui veut absolument suivre le cours du fleuve, il faut passer par les bosquets, ce qui peut être malaisé si l'on porte un gros sac sur les épaules. Autrement, il y a toujours la possibilité d'emprunter la route avec l'inconvénient de vous éloigner un long moment du fleuve et d'augmenter le nombre de kilomètres de marche.

Au bout d'une heure ou deux, selon votre état de fatigue, vous verrez Bellegarde-sur-Valserine, mais plus du tout « Les Pertes du Rhône » (une zone rocheuse sous laquelle coulait le Rhône autrefois. Il disparaissait donc momentanément à la vue). Depuis la construction d'un barrage colossal en aval (Génissiat), un lac de retenue s'est formé et a tout recouvert. À Bellegarde, la Valserine rejoint le Rhône et tous deux continuent ensemble leur chemin vers cet immense rempart de béton.

Le barrage de Génissiat fournit de l'électricité. Il fallut 12 ans pour le construire, de 1937 à 1948. Son sommet comporte une voie que l'on peut utiliser à pied ou en voiture. Du haut de ses 104 m, on aperçoit le fleuve qui coupe d'un trait net la montagne en deux falaises impressionnantes. À gauche, c'est la fin de la chaîne des Alpes, à droite le début de celui du Jura. Les deux côtés étant couverts de forêts.

DE GÉNISSIAT À LYON

Au barrage de Génissiat, prenez rive droite.

Rive droite, à proximité du barrage, un joli parc gazonné – construit et entretenu par la C. N. R. (Compagnie Nationale du Rhône) propose aux pique-niqueurs des bancs et des tables de bois, des lavabos, sanitaires et un point d'eau.

Après le barrage, il est impossible de marcher au fil du Rhône, même sur la crête de la falaise. La forêt est épaisse. Les habitants du village d'Injoux-Génissiat vous indiqueront un chemin qui court le long de la voie ferrée (pas au bord des rails, heureusement !). Vous le suivrez quelque temps, guère plus d'un kilomètre, car il s'arrête alors en face d'un tunnel. Bien entendu, il est hors de question d'y pénétrer, les trains vous y happeront dès les premiers pas. Vous n'aurez d'autres choix que de continuer en acrobate sur un sentier qui grimpe à travers les arbres, puis des champs. Quelque part, une ferme abandonnée.

À partir de là, le terrain est en pente, il descend peu à peu à la même altitude que le niveau de l'eau du Rhône.

En ces lieux, la progression est des plus aventureuses. Des chemins longent des champs et conduisent souvent à des impasses, c'est-à-dire en plein milieu des plantations. Pour éviter de tourner en rond pendant un bon moment, le plus simple est de se glisser entre deux fils barbelés et de couper en ligne droite dans les champs. Gare aux pieds ! Le terrain n'est pas uniforme. Des bosses vous feront trébucher.

À noter : dans la forêt, vous verrez une ou deux fois un délicieux chemin plat, joliment entretenu, qui coule agréablement vers le Rhône et laisse présager une plaisante voie de halage. Fausse joie ! Ce sont des sentiers entretenus par des pêcheurs. Ils vous conduiront au bord Rhône, c'est vrai, mais vous devrez faire demi-tour, car la forêt est impénétrable de chaque côté de ces allées.

Pour ceux qui auraient peur de se perdre dans la recherche d'un passage entre sentiers de forêt et de champs, une route goudronnée contourne tout le secteur. Ils en seront quitte pour une dizaine de kilomètres supplémentaires et... des palpitations en moins.

Par les bois et les champs, le trajet est plus court, prévoyez néanmoins de ramasser une grosse branche pour repousser par intermittence une liane de ronce. Fort heureusement, elles sont rares.

À Surjoux, fin de ces déambulations hasardeuses. Vous retrouverez enfin la plénitude d'une marche reposante. Le village est charmant, la forêt incline ses dernières branches et la montagne fait ses adieux. Désormais, ce sera du plat jusqu'à la mer. Il y aura des épisodes montagneux (comme le Pilat, les terres d'Ardèche, etc.), mais pas au bord du fleuve. Vous marcherez constamment sur du plat et souvent sur les anciens chemins de halage qui sont dessinés le long du Rhône. Ils seront parfois en terre, parfois couverts de sable ou émaillés de galets. À certains endroits envahis par les herbes, à d'autres, transformés en voie automobile, mais pour la plupart, toujours présents.

À la sortie de Surjoux, l'eau du Rhône est presque au niveau du terrain alentour. Il suffirait d'une quinzaine de centimètres pour qu'il déborde, mais le barrage de Génissiat régule son débit. Aucun filet de courant ne le parcourt, sa surface est constamment immobile. Des bancs de terre blanche apparaissent çà et là dans le lit du fleuve et le long de la berge. Ne pas s'y aventurer surtout. Il s'agit de bancs de vase gorgée d'eau. De façon générale, il ne faut pas s'engager dans le Rhône, si le barrage augmente son débit d'ouverture, le niveau de l'eau montera subitement.

En aval de Surjoux, le chemin est libre, clair et dégagé pour des jours. Vous marcherez entre la berge et la voie ferrée qui épouse le cours du Rhône, avec néanmoins un espace de 2 m suffisant pour que vous puissiez progresser en sécurité. Malheureusement, un point négatif se manifestera vite à vos pieds. Le ballast ! C'est le terme générique qui désigne les pierres concassées que l'on amasse sous les traverses pour les maintenir de manière à stabiliser les rails. Une certaine quantité de ballast s'est éparpillée sur le chemin. Sur deux mètres, c'est négligeable, mais sur huit kilomètres, c'est infernal. Prévoyez donc des chaussures renforcées ou vous passerez un moment fort pénible. Et rembourrez la pointe de coton, à cause des chocs contre les ongles des orteils.

Vous arriverez ainsi en bonne condition à

Corbonod puis à Seyssel (de l'Ain). Ne vous étonnez pas de trouver de l'autre côté du pont une seconde ville portant le nom de Seyssel, mais Seyssel Haute-Savoie avec une autre administration, les deux communes étant différentes bien qu'ayant le même nom. Un pont magnifique enjambe le Rhône et relie ces deux cités, jumelles quant au nom, mais possédant chacune un caractère spécifique.

L'explication : la Savoie n'est devenue territoire de France qu'en 1861. Auparavant, c'était un duché qui appartenait au roi de Sardaigne, lequel détenait aussi le Piémont et le Comté de Nice. Il fit appel à Napoléon III pour le seconder dans une de ses guerres en lui accordant en échange de ses services le Duché de Savoie et le Comté de Nice. Un vote des citoyens entérina cet accord.

Quoi qu'il en soit, une agglomération s'était établie de chaque côté du Rhône, mais n'appartenant pas au même pays, leur administration était donc différente.

La chute du Peysieu.

Avant de quitter Seyssel (de l'Ain), prenez la peine de visiter la chute du Peysieu, du nom du ruisseau qui l'alimente. On l'appelle aussi la cascade d'Eilloux, du nom du plus proche hameau. Impossible d'y accéder par les berges du fait de la ligne de chemin de fer que vous ne franchirez pas. Trop dangereux. Une fois parvenu à la gare de Corbonod, vous traverserez la voie ferrée. Un panneau vous indiquera la direction de Cobonod village qui est quand même éloigné de quelques kilomètres. Un autre panneau vous dirigera alors vers la cascade. Au terme d'un petit quart d'heure par les sentiers des bois, vous arriverez à une fabuleuse cascade d'une quinzaine de mètres de hauteur.

Le chemin de halage continue en aval de Seyssel. Dans ce secteur, le Rhône se divise en plusieurs bras, par ailleurs, un canal a été creusé ce qui va peut-être compliquer le choix de la rive à suivre pour quelques-uns. Quoi qu'il en soit, que l'on prenne la rive gauche du Rhône, la rive droite ou le canal, il y aura toujours un terrain insolite à découvrir.

Les tenants de la randonnée pure trouveront sur la rive gauche le GR 65 (GR 65 = chemin ou sentier de Grande Randonnée n° 65) qui les conduira au travers des Marais de Chautagne. Ceux qui préfèrent avant tout un chemin sûr et clair pourront marcher rive droite sur la bande de terre qui longe le canal du Rhône. La voie est si large qu'ils n'auront pas de souci d'orientation. L'inconvénient principal étant la rectitude des lieux. Pas de courbes donc, juste une ligne droite comme celle du canal.

Le canal se termine à Culoz. Ceux qui sont passés par la rive gauche peuvent encore choisir soit de continuer sur le GR soit de traverser le pont pour venir à Culoz, puis aller explorer la réserve naturelle des « Marais de Lavours » à trois kilomètres de là.

Auparavant, on pourra s'attarder près d'une montagne de roc brut à l'intérieur même de la commune. Sa pente accentuée déclenche un attrait irrésistible sur les jarrets des escaladeurs en herbe.

Après Culoz, prenez rive droite.

La réserve des « Marais de Lavours » mérite vraiment qu'on la visite, au moins qu'on y jette quelques pas avant de reprendre sa marche.

En bref, c'est une zone marécageuse aménagée par l'Homme pour l'exploitation de différentes cultures. Des sentiers de promenade ont été tracés de façon à ce qu'on puisse facilement y accéder et observer la faune, la flore et les particularités de cette contrée.

Le Rhône se scinde à nouveau en deux bras principaux. Différents GR courent qui près du bras gauche, qui entre le bras droit et le bras gauche. À vous de voir selon le terrain qui vous plaît. De toute façon, vous ne risquez pas de vous perdre et des ponts se présentent dans différents secteurs pour vous permettre de modifier votre choix. Vous pourrez d'ailleurs profiter de cette opportunité pour flâner vers le lac du Bourget (celui d'Aix-les-Bains et proche de Chambéry). La berge du lac ne se trouvant qu'à 7 km du GR 9. Et découvrir aussi le canal de Savières qui relie le lac au bras gauche du Rhône.

Continuez rive droite.

Vous prendrez le temps de vous rendre dans la ville de Belley, voir quelques pièces historiques remarquables. Le coeur de la cité est assez loin du fleuve, un bon kilomètre. Avant Belley, le chemin qui borde le Rhône (canalisé à cet endroit) est totalement à découvert. En été, la chaleur y est torride, insoutenable.

Heureusement qu'il changera d'aspect. Est-ce dû à l'influence de la ville ? En tous les cas, le chemin va bientôt devenir agréable doté sur les côtés d'une herbe foisonnante qui rivalise de croissance avec de grands arbres.

Les deux bras du Rhône cernent un immense territoire, une île puisque tel est le terme approprié, mais suffisamment vaste pour accueillir en son sein plusieurs petites communes, dont Virignin, de larges routes, une zone de loisirs, un château et différents attraits et lieux de promenades.

Au niveau de Belley un premier pont routier important permet l'accès à tous les types de véhicules. En fait, on ne se rend pas compte que l'on est sur île tant les terres sont larges (plus de 5 km) et imposantes. De l'autre côté de cette « île », le second bras du Rhône (large lui aussi) s'est ouvert un passage à la hache entre dans un défilé de falaises, des gorges élevées surnommées la Balme.

Le marcheur courageux ou curieux remontera ces gorges quelques kilomètres. Une petite ville très active – Yenne – s'est établie là, au bord du Rhône.

À Furans, les deux bras du Rhône se ressoudent.

À hauteur de Peyrieu, une route départementale longe le fleuve sur plusieurs kilomètres. Vous pouvez l'emprunter par prudence, mais si vous décidez de prendre une de ces ravissantes allées qui roucoulent à votre regard, maintenez l'oeil vif ! Un moment d'inattention vous fera tourner en rond dans des voies qui se mélangent. Qui plus est, parfois l'on s'engage dans un petit chemin parfumé, ombragé de longues ramures et baigné de trilles d'oiseaux. Ce chemin-là, pratiquement toujours, conduit à une impasse, le plus souvent dans des exploitations.

De grands champs s'étendent jusqu'au Rhône, dans un premier temps surtout des vergers. Les marcheurs hardis ne se laisseront peut-être pas impressionner par ces vastes rangées d'arbres et les traverseront selon le fil de l'eau, prenant le risque par la même occasion d'éveiller l'hostilité du propriétaire.

Ceux qui voudront contourner ces parcelles par les chemins appropriés devront être vigilants. D'une part, les arbres ne permettent pas de voir le Rhône et donc de juger de la direction, d'autre part, ces chemins se croisent et s'entrecroisent, en courbe ou pas au gré des parcelles sans aucun panneau indicateur. Il faut reconnaître que personne ne vient ici d'ordinaire à part le fermier et son tracteur. Par conséquent, nul besoin d'un panneau quelconque, au désappointement du marcheur qui aura bien du mal à repérer sa route s'il ne se hisse pas (malaisément) sur les branches d'un arbre fruitier pour y voir plus clair.

Le Rhône à ce niveau est d'un vert émeraude très profond. La faune se manifeste sous des aspects étonnants dans la catégorie des insectes. Des libellules vertes, non pas de ce vert traditionnel des feuilles, mais une sorte de vert électrique. D'autres libellules arborent une robe d'un bleu vif, également électrique. De même, j'ai croisé un gros insecte volant de la taille d'un bourdon avec un tube rigide (ou un dard ?) à l'avant de sa tête. Je l'ai appelé un bourdon-licorne.

En m'éloignant de Brégnier-Cordon, j'ai même observé les bonds élégants d'une biche par-dessus les plants de maïs. (Après les vergers, ce seront des champs de maïs.)

À Brégnier-Cordon, continuez rive droite.

Ça et là, vous tomberez sur des espaces aménagés d'un pavillon de bois munis de toilettes, d'éviers au milieu d'une gentille pelouse. Par moments, vous bénéficierez d'une piste cyclable et croiserez même des cyclistes. Si trop de fatigue s'attache à vos jambes, vous vous détendrez à Serrières-de-Briord, sur une jolie plage ou sous le parasol en terrasse de la base de loisirs.

Le Rhône se déroule toujours sur 100 ou 150 m de large dans une plénitude d'émeraude extraordinaire, mais absolument sans courant. Il ne survient qu'à Sault-Brénaz où le barrage à demi ouvert laisse jaillir les eaux en trombe. Au bout d'un moment, l'on comprend que si le Rhône arbore ce calme étonnant, c'est que plus bas (en aval) un barrage le stoppe complètement.

Et des barrages, il en surgira de plus en plus.

À Sault-Brénaz, des bancs publics, nombreux, accueillent les promeneurs — ce qui est rare pour un petit village (pas les promeneurs, mais la quantité de bancs).

Au pont de Lagnieu, le halage continue sous des arbres aux superbes ramures. Pourtant, vous changerez de berge.

À Lagnieu, prenez rive gauche.

Certes, en observant cette jolie promenade vous aurez envie de prolonger la marche de ce côté. Toutefois, sur la rive gauche, une curiosité géologique mérite vraiment qu'on s'y promène.

Si un chemin un peu hasardeux, moins régulier, ne vous fait pas peur, engagez-vous sur le pont. Cinq kilomètres plus loin, vous arriverez à La-Balme-les-Grottes. Des grottes justement y ont été découvertes, des cavernes absolument fantastiques dont la mise en scène lumineuse est à couper le souffle.

Du point de vue du paysage extérieur, ce sont des champs variés jusqu'à Loyettes. Vous aurez un moment où les champs de maïs s'imposeront de plus en plus survolés parfois d'un vol d'oies craintives et du grand panache de vapeur d'eau de la centrale du Bugey située sur la rive droite. Encore quelques kilomètres donc, et tout votre univers ne sera que balancement des longues feuilles de maïs. D'immenses champs aux petits sentiers trompeurs qui ne font que le tour de la parcelle et ne vous permettent d'avancer que d'un kilomètre pour une marche réelle de quatre – si vous n'êtes pas doué pour l'orientation. La raison étant que les graines de maïs se propagent (avec le vent ou un autre vecteur) jusqu'à toucher l'eau du Rhône, et en été, lorsque tous les plants vous dépassent de la tête, vous ne verrez plus rien.

À Anthon (là où l'Ain se jette dans le Rhône), ce sera mieux. Des panneaux de randonnées pédestres et équestres dessinent un plan des environs. Ne comptez pas pour autant apercevoir l'eau du Rhône. Les chemins longent le fleuve, c'est exact, mais avec des champs de maïs entre-deux, ce qui en dissimule le cours. Heureusement, quand on pénètre dans les zones communales (Loyettes, Anthon...), des sentiers dégagés se faufilent en bordure du Rhône.

N'hésitez pas à vous attarder sur la hauteur qui surplombe le Rhône lorsque vous êtes à Anthon. Vous serez placé juste en face de la confluence de l'Ain. Il coule dans le Rhône en formant un delta. Entre les deux bras, un terrain sauvage, très plat, qui peut donc changer d'aspect selon le niveau des eaux du Rhône ou de l'Ain. La vue y est superbe. En période de beau temps, le Rhône et l'Ain sont magnifiques de bleu.

Un peu avant Jons, plus du tout de champs de maïs, mais de grands bois parcourus de sentiers qui filent de tous les côtés. La végétation épaisse obligeant de suivre leur tracé, il faut rester vigilant pour conserver une marche dans la même direction que celle du fleuve.

Point positif : les lieux sont calmes et la faune abondante. Un bout de forêt vierge aux portes de Lyon.

DE JONS À LYON : un choix s'impose.

Comme aux approches de toutes métropoles, une fois sortie de cette micro-Amazonie, la progression ne pose pas de problème particulier. En continuant sur la rive gauche, vous allez voir des sentiers à Jonage qui vous mèneront au « Grand large », une très vaste zone aménagée pour la baignade, les activités aquatiques, le tout inséré dans une étendue, oh combien plus importante ! consacrée aux animations de toutes sortes, équestres, promenades, etc. Ceci à quelques pas des premiers immeubles de la métropole lyonnaise. Les villes se touchent et se succèdent : Jonage, Meyzieu, Décines-Charpieu, Vaulx-en-Velin, Villeurbanne et Lyon.

En fait, à partir de Jons, le Rhône a été divisé en deux bras principaux jusqu'à Lyon. Entre ces deux bras principaux, des parcs, des bras secondaires... sur 16 km de long. Une piste cyclable permet désormais de se rendre directement à Lyon.

Si vous choisissez le bras gauche du Rhône.

Vous emprunterez alors la voie cyclable et la route sera bien définie. Vous verrez un peu plus loin le barrage de retenue de Jonage. L'ensemble de ce bras est d'origine humaine. Il s'agit d'un canal de dérivation de 19 kilomètres de long, plus vaste d'ailleurs que l'ancien lit du Rhône, avec des tronçons de près de 200 mètres de large. Les travaux du canal ont été entrepris pour alimenter la centrale hydroélectrique de Cusset à l'entrée de Villeurbanne. Il est entré en fonction en 1899.

Après Jonage, vous voici à Meyzieu, une ville qui s'est créée à l'origine autour d'une source celte réputée pour ses vertus bénéfiques. Le coeur de la ville bat encore au rythme de l'eau puisqu'il palpite aux couleurs du Grand large qui baigne les rives de la commune. Puis c'est Décines-Charpieu. Vous serez intéressé de quitter momentanément le Rhône canalisé pour vous mettre en quête de la Rize. Cette charmante rivière aux bords ombragés part d'ici, traverse Villeurbanne pour embrasser le Rhône à Lyon. À Décines, elle coule encore sous ses beaux atours à l'air libre, tandis qu'à Villeurbanne et à Lyon, elle se glisse en souterrain sous des kilomètres d'asphalte qui la font totalement disparaître du paysage urbain. Même son embouchure dans le Rhône n'est pas visible par le piéton. Il n'en subsiste plus qu'un nom : la « rue de la

Rize » qui témoigne de son flux aérien de jadis.

Un panneau indicateur sépare Décines de Vaulx-en-Velin, car les deux villes se touchent.

Les historiens sont partagés quant à l'origine du nom de cette dernière. Quoi qu'il en soit, toute cette région s'appelait autrefois le Pays du velin. On y pratiquait de l'élevage. Il est bon de savoir que la peau des bébés veaux donnait un support d'écriture plus fin que le parchemin ordinaire. On l'appelait le velin ou vélin. Au fil des siècles, l'écriture sur parchemin ayant été abandonnée, on a désigné « vélin » un papier de grande qualité, très blanc et de pâte très fine.

Un écrit ancien mentionne la ville sous le nom de Veaux en Velin.

Le joli nom de Vaux-en-Velin évoque donc toujours ces fins parchemins si recherchés autrefois.

Le vol de vos pas vous conduira peu après à Villeurbanne. Bien sûr, la grande route n'est jamais très loin. Une population de 130 000 habitants ne peut pas disparaître comme par magie, ni l'agglomération lyonnaise et son million et demi de personnes. Toutefois, vous longerez avec plaisir le parc de la Feyssine qui s'étend sur 40 ha. Un beau lieu de promenade et une pointe de nature un peu sauvage.

Et si votre regard est suffisamment aiguisé, vous aurez auparavant scruté les alentours de l'usine des Eaux. Le canal rejoint ici un bras secondaire du Rhône et tous deux continueront ensemble pour aller fusionner avec l'ancien lit du fleuve, aux abords du Parc de la Tête d'or.

Dès lors, vous êtes à Lyon.

Sur votre gauche, un peu en hauteur, la Cité Internationale et devant vos pieds de très jolis chemins de terre près du coeur de la ville.

La capitale des Gaules (il en existait trois qui occupaient chacune de vastes territoires : la Belge, l'Aquitaine et la Lyonnaise) fut d'abord une colonie fondée par un officier de Jules César – Munatius Plancus – qui la nomma « Colonia Copia Munatia » (Munatia en référence à Munatius). Plus tard, on l'appela « Colonia Copia Lugdunum » et après maintes péripéties seulement « Lugdunum ».

Avec les transformations du langage, Lugdunum est devenu Lyon.

Au pont de Jons, prenez rive droite.

Si vous souhaitez un temps de marche plus

long hors des zones peuplées, choisissez la rive droite. Attention, ce temps de respiration ne veut pas dire repos ! Après Thil, par exemple, le chemin de halage finit en impasse devant un gros ruisseau, trop large pour qu'on puisse sauter par-dessus. Donc, soit vous le franchissez en testant sa profondeur (à déconseiller si l'on est seul – sous l'eau, l'épaisseur de la vase peut se muer en ventouse) soit vous remontez le fil du ruisseau jusqu'à une voie d'accès telle qu'une passerelle. Il vous faut pour cela marcher sur 1,5 km, vous frayer un passage dans des champs de maïs sans fin dont les plants très resserrés touchent le ruisseau. Des plants de 2 m qui vous giflent parfois si vous avancez trop vite.

En contraste, l'accueil dans les communes est beaucoup plus chaleureux.

À Miribel, les chemins sont un plaisir.

Une jolie petite ville dont le nom latin « Mire bellum » signifie « beau point de vue ». Il est vrai qu'en grimpant la haute colline jusqu'à la statue monumentale de la Madonc, on découvre une vue panoramique d'où l'on promène son regard des pics du Mont Blanc aux courbes du Pilat.

Depuis les berges, on peut accéder par un

pont à la zone de loisirs inscrite dans une île entre les deux bras du Rhône.

À ce niveau, l'eau n'est pas très profonde. Toujours très calme, elle reflète davantage le bleu du ciel.

En direction de Lyon sur cette rive droite, vous longerez d'abord Rillieux-la-Pape. Les sentiers de halage y sont très agréables. Puis ce sera Caluire-et-Cuire. La voie est totalement dégagée. À la suite des travaux pour la création d'une grande artère automobile au-dessus du fleuve, tous les abords ont été refaçonnés. Vous y trouverez donc beaucoup de sable, sans parler d'une chute du lit du Rhône sur lequel on voit les flots rebondir dans une formidable houle verte. On regretterait presque de ne pas être amphibie pour se laisser entraîner par cette énorme vague.

Après Caluire, nous arrivons à Lyon. Il n'y a pas d'interruption, pas de différence. C'est la même voie sur berge qui se prolonge, la même architecture des façades. Les immeubles qui suivent rappellent les couleurs de la Toscane et gravissent les flancs d'une célèbre colline, celle de la Croix-Rousse où travaillaient les canuts (tisseurs de la soie) autrefois.

Pour les amateurs de curiosité, une croix de pierre rousse, incrustée dans la fresque murale d'une façade (rue de la Tour du Pin) annonce la commune de la Croix-Rousse (qui n'a été rattachée à Lyon qu'en 1851, auparavant, elle était indépendante). Pour l'admirer, il faudra faire preuve d'une bonne légèreté de jarret, en escaladant soit une route abrupte soit un escalier (tout aussi raide) jusqu'au sommet de la colline. Il ne s'agit pourtant pas de la célèbre croix (en pierre dorée venue de Couzon) qui donna son nom à la colline. Brisée et resculptée à plusieurs reprises, elle disparut longtemps du paysage. Une réplique orne de nouveau le 4° arrondissement à son emplacement originel tout en haut de la Montée de la Boucle.

Comme la ville de Lyon est très vaste, vous pouvez vous promener à votre guise. Même si vous vous trompez de cours d'eau, et qu'en arpentant la Croix-Rousse ou la place Bellecour, vous preniez la Saône, de toute façon, celle-ci rejoint le Rhône, à l'extrémité de la ville.

À la fin de Caluire, un pont traverse le Rhône et permet de retrouver la voie cyclable qui vient de Jonage et du Grand Large. Elle longe toute la ville de Lyon (dont la rive gauche n'est dédiée qu'à la promenade) jusqu'au Parc des Berges du Rhône situé à environ un kilomètre de marche du confluent du Rhône et de la Saône.

Il serait dommage de ne pas se rendre à la jonction des deux cours principaux de la ville de Lyon. Depuis le parc des berges, un pont vous y mènera, mais il faut marcher un bon quart d'heure avant de parvenir au confluent. Des pavés et des rails qui disparaissent sous l'eau témoignent de l'activité intense d'un port à cet endroit (le Port Rambaud). Un autre plus important l'a remplacé depuis longtemps, le port industriel Édouard Herriot, rive gauche (à cheval sur Lyon et Saint-Fons).

Au coeur de la ville, qui plus est au bord du Rhône, le Parc de la Tête d'or ne peut pas être manqué. Cet espace de promenade très couru des Lyonnais (et des autres) recouvre 118 hectares d'un parc à l'anglaise. Des cols-verts, des cygnes, se prélassent sur le lac. Vous aimerez vous « perdre » dans ses allées. Aux alentours du mois de juin, gardez-vous de caresser les oisons (petits de l'oie). Maman l'oie et papa le jar pincent tout ce qui s'en approche : canard, lapin, mains de touristes...

En ce qui concerne la navigation, les bateaux

qui viennent de la mer (ou d'une autre ville en aval) ne peuvent pas remonter le Rhône au-delà de Lyon, car l'écluse du canal de Jonage n'est pas adaptée à leurs dimensions. Ils sont obligés d'emprunter la Saône dont les différents canaux leur permettent de se rendre dans la région parisienne ou dans les pays de l'Est.

À partir de la Place Bellecour (où un embarcadère vous mène les pieds jusque dans l'eau), le Rhône prend les reflets bleus de l'azur, une couleur qui s'accentue à mesure qu'il descend vers le sud.

Du haut de La Mulatière (rive droite), la vue est directe sur le confluent appelé « Pointe de la Mulatière ». Les eaux vertes de la Saône rencontrent les flots bleutés du Rhône. Les deux cours ne se mélangent pas tout de suite. Par beau temps, on en distingue nettement la ligne de partage.

DE LYON À VALENCE

Après Lyon, prenez rive droite.

Ne vous inquiétez pas pour la marche, une voie longe le Rhône, bruyante de circulation, c'est vrai, mais facile à suivre.

Juste après Lyon, vous arriverez à La Mulatière.

Voici fort longtemps, c'était un lieu de résidence pour les grandes familles de Lyon. Vers 1380, celle de Clément Mulat s'y installa. Il marqua si bien son époque que la ville lui dédia son nom. Ainsi naquit La Mulatière.

Quelques foulées, et voici Oullins traversée par l'Yzeron. Dans le parc au-dessus de sa berge gauche, se dévoile le toit charmeur d'une demeure aux allures de conte de fées.

L'Yzeron, d'un vert très profond se jette dans le Rhône quasiment sous vos yeux, mais pas sous vos pieds. Il est impossible d'y accéder autrement que par bateau en raison d'une voie de circulation rugissante qui la surplombe. Néanmoins, de pouvoir vous en approcher de tout près et d'étudier la voûte d'asphalte qui en brise l'accès vous montre comment certains affluents sont rendus totalement invisibles au regard des passants.

Puis vient Pierre-Bénite (du latin Petra Benedicta) dont le nom découle d'un gros bloc de pierre, une masse de granit où les bateliers de jadis s'amarraient, se signer, le temps de reprendre souffle et courage pour franchir un passage alors dangereux du fleuve.

En face, la ville de Lyon met un point final à ses frontières, sous la forme d'un grand port industriel, le Port Édouard Herriot, apte à recevoir entre autres l'or noir des raffineries. Et débute la commune de Saint-Fons, la ville aux cent fontaines (Centum Fontès) et aux saines fontaines (Sanis fontès).

Le fait est peu connu, mais c'est en ces lieux que l'Empereur romain Septime Sévère est venu affronter les troupes de son rival Albinus soutenu par Lugdunum. D'où une bataille sanglante, la défaite d'Albinus et des moments peu amènes pour les habitants de Lugdunum dont la ville fut pillée.

Toujours sur la rive en face, peut-être décèlerez-vous quelque part au-dessus de la plaine d'étranges superstructures. Ce sont des raffineries. L'or noir y coule à flot et en ressort beaucoup plus clair. La ville de Feyzin nous réserve cependant d'autres attraits que ces grands vaisseaux métalliques. Derrière la façade des imposantes industries se déploient de ravissantes maisons. De même, une fois dépassé le quartier de centre-ville, on se croirait dans un charmant village de campagne, proche de la nature et du monde agricole.

Cela dit, comme vous êtes sur la rive droite, après Pierre-Bénite, vous toucherez d'autres communes plus modestes, mais jolies à visiter : Irigny, Vernaison.

À partir de Vernaison, le paysage change complètement d'allure, s'inscrit davantage pour les promenades. Une vaste étendue à laquelle on a redonné un aspect naturel, dont les sentiers sont entretenus afin de faciliter le passage à l'ombre des feuillages bercés de chants d'oiseaux. Les sentiers se prolongent à Grigny jusqu'à Givors où le Rhône rencontre le Garon puis le Gier.

Les alentours sont décidément propices aux grandes promenades, car au milieu du fleuve, une île infiniment longue étire ses presque dix kilomètres de Saint-Fons à Givors. On y accède par un pont à Vernaison. Tout un univers de verdure et de flânerie se déroule aux portes mêmes de Lyon.

À Grigny, un très beau parc offre aux visiteurs une atmosphère paisible pour où se reposer à 500 m du fleuve.

À Givors, quoiqu'on soit fier du Gier, on admire tout autant le fleuve-roi. Ainsi en est-il de Georges Salandre dont les talents de sculpteur façonnèrent une statue monumentale représentant le Rhône et visible à la Promenade Maurice Thorez.

Au confluent du Gier et du Rhône, des cygnes blancs nageront élégamment vers vous dès que vous vous approcherez de l'eau. Quand le soleil brille, l'eau du Gier comme celle du Rhône dévoileront de bleues reflets.

Plus en aval, à la sortie de Givors, un monument aérien survole le Rhône. Le pont de Chasse-sur-Rhône dont la particularité est d'être un pont suspendu, mais également de disposer de grands cadres (de béton certainement, mais avec le temps on dirait de la pierre) fort habilement ornementés sur lesquels les câbles viennent se fixer. Il fut achevé en 1839.

De l'autre côté, du pont, la ville de Chasse-sur-Rhône n'est pas immédiatement accessible, une petite zone d'activés la sépare du fleuve, néanmoins,une fois cette dernière traversée, de jolies maisons égayent le regard. Un peu plus en amont, la commune de Ternay offre comme sa voisine un point de vue notable sur le Rhône auquel s'ajoute un magnifique prieuré.

Une voie sur berge, la Route Départementale 386, longe le fleuve que vous dominez du haut d'un trottoir. Plus loin, une fois que vous avez quitté le centre de Givors depuis un bon moment attention ! Un chemin caillouteux se dévoile sur votre gauche, tandis que la Départementale se propulse tout droit. Si, lassé des moteurs, vous tentez votre chance par cette large allée, au bout de 800 m, elle sera bloquée par une centrale EDF et des grillages partout. Des grillages en face de vous qui descendent jusqu'au niveau de l'eau et tout le long du chemin à votre droite. Vous n'aurez que deux solutions. La première, reculer afin de repérer l'endroit où le grillage débute de façon à contourner la centrale. Ce faisant, l'on croise un camp de gitans, curieux mais amicaux. Ils éprouvent beaucoup de respect pour ceux qui cheminent ainsi entièrement à pied. La seconde, reculer et revenir directement à votre point de départ sur la Départementale. De toute façon, même après avoir traversé le camp des gens du voyage, vous vous retrouverez aussi sur la Départementale.

À moins que vous n'ayez envie de prendre une belle photo, le mieux est de continuer sur ce grand axe de circulation. Vous gagnerez en nouveauté olfactive, car le bas-côté regorge de senteurs de menthe sauvage.

Arrivé à Loire-Sur-Rhône, des panneaux vous confirment qu'il s'agissait bien d'une centrale, et signalent la direction d'une zone portuaire, d'une zone épuration et d'une déchetterie ainsi qu'une belle route bitumée, mais déserte de circulation automobile à votre gauche. Vous pouvez l'emprunter et coller vos pas au cours du fleuve que vous apercevrez par intermittence, entre deux bâtiments. Vous pouvez aussi continuer un temps sur la Départementale (munie de trottoirs) qui traverse Loire-Sur-Rhône le long de façades joliment apprêtées et revenir à la route bitumée par la suite par une passerelle.

Sur cette route, à un certain moment, vous verrez une allée sablonneuse (et caillouteuse) qui s'engage au bord même du fleuve, mais défendue par un panneau rond, représentant un anneau rouge sur fond blanc, au-dessous duquel cette inscription « Sauf service ». Une interdiction certainement à destination des voitures, car il s'agit d'un tronçon de piste cyclable.

Donc, en tant que piéton, vous pouvez vous y promener. Cette très large allée se prolonge sur plusieurs kilomètres jusqu'à Saint-

Romain-En-Gal. Plus vous avancez, plus galets et cailloux se font rares et plus les branches se penchent au-dessus de vos têtes. Un joli bois suit cet accès à votre droite.

Au bout du chemin : une zone de pique-nique dans un site protégé (l'ïle des Sauveteurs ou l'île Barlet) avec eau, toilettes, etc.

À Saint-Romain-en-Gal, un musée gallo-romain raconte une partie de notre histoire à cette époque.

Quand vous aborderez Sainte-Colombe, un agréable jardin public vous invitera à vous délasser un moment. Une fois reposé, vous traverserez le pont pour vous rendre à Vienne. Une très jolie ville où se déploie un grand parc à 20 m du Rhône, des monuments antiques tels que le temple d'Auguste et de Livie (construit au au premier siècle av. J.-C. et dédié à l'Empereur romain et à sa femme.

Puisque vos pas sont décidément très vifs, vous n'hésiterez pas à grimper sur le mont Salomon qui domine les alentours (les malins iront en bus depuis le centre-ville et le descendront à pied). La vue sur le Rhône y est très belle. Le fleuve est calme, sans une seule ride à sa surface au point qu'il étincelle de couleur.

Les vrais amateurs de vieilles pierres se glisseront dans la petite ruelle qui s'annonce par quelques marches juste avant la Gère et qui va ensuite longer le bord extrême de la colline jusqu'à presque surplomber une falaise.

Tout y est de pierres : la chaussée, les murs, et même une élégante arcade à fleur de ciel.

À Vienne, prenez rive droite.

À Sainte-Colombe, continuez sur la rive droite. La route Nationale 86 longe le Rhône, mais par chance, elle abandonne une belle langue de terre aux chemins pour piétons.

En descendant du grand pont en provenance de Vienne, vous accédez par des escaliers à la berge au rendu exceptionnel. Pas de voitures ici – un beau lieu de promenade pour la famille entre le petit port et les façades attrayantes de jolies demeures.

Après Sainte-Colombe, le chemin (de terre ou de gravillons selon l'endroit) ne quitte pas le Rhône. Au-delà de la Nationale, l'horizon s'emplit de courbes, une chaîne de collines qui n'en finit pas de suivre la vallée. L'on comprend vite qu'il s'agit plutôt d'un massif que de quelques éminences égarées. Les contreforts du Pilat.

Les pentes se couvrent de vignes. Plus loin, à Ampuis, une célèbre cave y a établi ses crus.

À pic sur le Rhône, le Château d'Ampuis élève sa gracieuse image au-dessus de l'eau. Le chemin de halage passe devant le château, mais c'est en arrivant au port que vous admirerez le mieux sa ravissante architecture.

Quatre kilomètres de plus, voici Condrieu et l'île du Beurre. Un site charmant, tout à fait indiqué pour les promenades en famille et l'observation de la faune. La municipalité et diverses associations contribuent pour en faire un espace naturel où différentes espèces trouvent un asile pour y nicher et se reproduire.

Entre Condrieu et Serrières, le canal de dérivation est plus large que le vrai lit du fleuve, ce qui peut induire en erreur. La progression est aisée et les chemins de halage ouverts à la marche et aux cyclistes.

Sur votre passage, vous remarquerez un joli port aux Roches-de-Condrieu, une construction d'allure médiévale à Sablons et un beau château à Saint-Clair. On ne peut pas bien sûr omettre de mentionner les centrales nucléaires dont la présence se manifeste par de grandes volutes blanches.

Paysages verdoyants, faune et flore abondante vont se succéder, notamment à l'Île de la Platière (une réserve naturelle) entre Limony et Serrières.

Après Serrières, le chemin de halage continue rive droite. En arrivant à Andance, par simple curiosité ou gagné par le charme du nom, on ne peut se retenir de traverser le Rhône pour flâner un moment dans la commune d'Andancette.

Au sud d'Andance et jusqu'en Arles, selon la végétation, la marche sera plus ou moins facile sauf dans certains secteurs très brefs. Après Andance, par exemple (rive droite donc), j'ai dû repousser quelques les ronces à l'aide d'un bâton. Heureusement, ce n'était qu'un très court tronçon, mais qui montre que d'une année à l'autre, avant le passage de la débroussailleuse, la voie peut être encombrée d'épineux. Si durant votre voyage, les ronces ont proliféré à outrance, sachez que vous avez la possibilité d'avancer sur la route nationale et que vous retrouverez quelques kilomètres plus loin un chemin plus praticable.

À Tournon-sur-Rhône, un château d'une conservation rare déploie ses pierres ancestrales au soleil. On peut le visiter, parcourir sa cour intérieure agrémentée de fleurs, et apprendre l'histoire mouvementée de ses propriétaires du temps des guerres féodales.

Si vos pas sont toujours alertes, une escalade vers le Belvédère vous séduira. La grimpée à flanc de montagne (nous sommes aux portes du Pilat) augmentera le rythme de votre souffle qui sera... temporairement coupé lorsque vous découvrirez toute l'étendue de la vallée du Rhône. Le bleu du fleuve, le vallonnement des coteaux et l'étroite plaine au contrefort du Pilat. Un point de vue extraordinaire. Sur la rive gauche, Tain-l'Hermitage vous dévoile d'éminents domaines viticoles accrochés à la colline.

En continuant rive droite, au niveau de Glun, un nouveau canal de dérivation a été creusé. Là aussi, il se présente plus large que le cours originel du Rhône. En allant vous y promener pour en saisir les dimensions, vous vous délasserez un moment en contemplant le port de La-Roche-de-Glun. Des aménagements l'ont rendu très attrayant et reposant. Si, dans le même mouvement, vous comptez voir l'entrée de l'Isère dans le Rhône en continuant au-delà de La-Roche-de-Glun le long du canal, ce ne sera pas pour tout de suite. Vous avez encore 6 km devant vous, et vous risquez fort de prendre la jonction Isère/canal de dérivation comme confluent. En fait, il faut quelques kilomètres supplémentaires pour parvenir sur une langue de terre (où se trouve une centrale hydroélectrique) au bout de laquelle vous toucherez du pied le confluent Rhône/Isère.

Si vous choisissez de venir ici en traversant la commune de La-Roche-de-Glun, le mieux ensuite est de franchir alors le pont du Barrage hydroélectrique au-dessus de l'Isère, et redescendre la rive gauche de l'Isère jusqu'à son entrée dans le Rhône à Bourg-Les-Valence (juste avant Valence). Toute la berge est cyclable et à l'abri de l'autoroute qui lui est parallèle si bien qu'on n'est pas dérangé par les ronflements de moteurs.

Autre choix à Glun : continuez Rive droite.

Si vous préférez suivre le plus possible le vieux lit du Rhône, à La-Roche-De-Glun, après votre visite, vous reviendrez rive droite, passerez par Cornas, Saint-Péray, Guilherand-Granges. À certains endroits, le chemin de halage a été rendu plus praticable par un tapis de lattes de bois.

À Guilherand-Granges, il suffit d'une volée de jambes sur le pont pour être à Valence (rive gauche). Immédiatement après ce pont-là, la voie sur berge n'est pas conçue pour les piétons. D'ailleurs, la circulation automobile vous dissuadera d'en poser même un pied. En revanche, juste au frôlement de cette voie, un magnifique parc (le parc Jouvet) coupe les bruits de moteur. Le cadre est splendide : des flambées de couleurs au détour d'un parterre de fleurs, des canaux qui domptent une eau cristalline.

À l'extérieur de ce parc, les canaux sont par ailleurs un aspect intéressant de la ville et, s'ils ne véhiculent pas de gondoles, ils portent des noms adorables ou insolites : canal Grande marquise, des Mal Contents...).

Depuis l'esplanade en haut du parc Jouvet, la vue est longue jusqu'aux falaises de l'autre côté du Rhône, les Mont du Vivarais. La perspective en est si splendide qu'elle fut classée en 1942 au registre des *« Monuments naturels et les sites de caractère artistique, pittoresque »*.

Revenons rive droite.

DE VALENCE À AVIGNON.

Après Guilherand-Granges, nous abordons Soyons et sa fameuse Tour penchée, plus célèbre que celle de Pise dans la région. Une fois les hauteurs contemplées, n'hésitez pas, aux abîmes vous engager. À tout le moins, de pénétrer dans la Grotte de Néron qui, dans le coeur souterrain de Soyons, vous entraîne à l'époque des hommes des premiers temps.

À la sortie de Soyons, et le long du Fleuve, vous croiserez parfois des jardins, des parcelles cultivées de fruits et légumes par des particuliers pour leur propre usage et le plaisir de voir la nature s'épanouir sous leurs doigts. Des gens charmants qui vous raconteront qu'ils avaient discuté autrefois avec un Scandinave (Danois ou Suédois) qui parcourait la France à vélo et qui s'était perdu dans leur jardin.

La rive gauche recèle forcément des emplacements formidables, mais comme j'ai avancé sur la rive droite (on est bien obligé de choisir une des deux), j'évoquerais donc plus facilement ce côté-ci où l'on découvre l'entrée de l'Eyrieux (rivière) dans le Rhône à La-Voulte-sur-Rhône ou celle de l'Ouvèze qui voici des millénaires a déchiré des falaises pour terminer sa course au Pouzin. La Drôme quant à elle se jette dans le Rhône, rive gauche, 4 ou 5 km avant le Pouzin.

Toujours en progressant sur la rive droite, vous ne pouvez manquer les gigantesques structures de la centrale nucléaire de Cruas, célèbre pour sa fresque qui couvre l'une de ses cheminées. Si l'on se donne la peine de s'engager dans le centre de la commune, on surprend un village médiéval, pas juste un monument, mais toute une cité. C'est comme si tout à coup, on faisait un saut de mille ans en arrière. Tout y est, le donjon, les ruelles pavées, les maisons de pierres. Un univers étonnant.

Ce voyage dans le temps va s'étirer sur toute la fin de la vallée jusqu'en Arles.

Neuf kilomètres après Cruas, un château pareillement médiéval et imposant élève sa muraille sur une pointe rocheuse à Rochemaure. Même à distance, on ressent le poids des années sur ses pierres.

Un autre château fort se dessine au Teil, en haut de la montagne. Vos regards pointeront aussi vers le pont suspendu. Un authentique ouvrage d'art qui éveille l'intérêt et donne envie de le fouler et de voir les couleurs ondoyantes du fleuve. Aiguisé par les saveurs de nougat, peut-être formulerez-vous le projet de vous rendre à Montélimar située rive gauche. En ce cas, forgez-vous du courage à la mesure de votre appétit — la ville se trouve à trois bons kilomètres de là. Vous devrez d'abord continuer sur la route qui prolonge ce premier pont sur deux kilomètres de ligne droite. En contrebas s'étendent une zone de loisirs et des étangs. Prévoyez une casquette, car sur le ruban d'asphalte rien ne vous protège du grand soleil du Midi. Au bout de cette route, un autre pont et un autre bras du Rhône encore plus large que le précédent. Il s'agit en fait d'un canal de dérivation. Vu ses dimensions, les travaux de creusement ont dû être colossaux. Avant qu'il ne soit divisé en ces deux bras, quelques kilomètres en amont, le Rhône mesure dans les 600 m.

Ce nouveau pont franchi, voici Montélimar.

À vous les nougats de tous les parfums, du plus traditionnel fait de miel et d'amande jusqu'au nougat au chocolat. Vous pourrez les déguster dans le tout aussi délicieux Jardin public à proximité de la gare en regardant les animaux se promener dans leur parc ou les canards nager sur l'eau d'un canal. Si les saveurs sucrées vous séduisent toujours et que vos jambes ne demandent qu'à se propulser, le Musée des bonbons et du nougat d'un côté, et le Musée du nougat d'un autre, vous partageront quelques-uns de leurs secrets.

Comme vous êtes également sensible à l'Histoire, l'origine de Montélimar et de son nom vous sera dévoilée au château des Adhémar.

Au début du Moyen-âge, la bourgade s'appelait Acunum. Les grandes familles s'y disputaient le pouvoir. En XI° siècle, la famille des Monteil s'établit à Acunum. Sous son autorité les querelles se sont calmées et la commune s'est réunifiée. Un siècle plus tard, le seigneur Adhémar de Monteil fit construire un château fortifié sur une colline proche. Au bout d'un certain temps, on désigna cette résidence sous le nom de Montelium Adhemari (le petit mont d'Adhémar). De décennie en décennie, les termes se sont contractés pour devenir Montelilmart.

En 1328, ce nom est officiellement adopté comme celui de la ville, puis se transforma en Montélimar.

Après Montélimar, prenez rive droite.

Après votre visite, revenez au Teil et

continuez rive droite. (La marche le long du canal du côté gauche est possible. Sachez cependant que les allées sont dépourvues de tout arbre. C'est le vide complet. Et que huit kilomètres sous le soleil en plein été peuvent être excessivement pénibles.)

Sur la rive droite du Rhône, ce ne sera pas tout de suite de jolis sentiers de promenade, mais il y aura un peu plus d'ombrage, de verdure et de fourrés.

Viviers sera vite là. À l'instar de beaucoup d'autres communes de la région, son centre médiéval est fort préservé. Une avalanche de constructions du Moyen-Age en parfaite conservation et toujours utilisées. Du promontoire rocheux, une place gazonnée à l'intérieur de fortifications donne l'impression de se trouver dans une sorte de donjon à ciel ouvert. Vraiment de très beaux monuments entre lesquels on se laisse glisser.

Trois kilomètres plus loin, le Rhône se divise à nouveau en deux bras au niveau de Donzère : l'ancien lit du fleuve et le Canal de Donzère Mondragon (23 km tout de même) qui part de Donzère et qui finit à Mondragon en frôlant Saint-Paul-Trois-Châteaux et, plus près que cela encore, Bollène. En le contemplant, on reste époustouflé devant une telle envergure. La commune de Bollène n'est qu'à deux kilomètres du Rhône. D'un premier abord, l'autoroute qui longe le fleuve à 50 ou 100 m pourrait être perçue comme une barrière inaltérable. Heureusement, plusieurs ponts permettent de s'en affranchir et de rejoindre la berge.

En approchant de Donzère, on observe au loin une série de collines d'allures étranges. Certaines abandonnent les courbes de leurs congénères pour une forme résolument pyramidale. Oh ! bien sûr, elles sont vertes, inondées d'une végétation fournie. On est saisi néanmoins de leur ressemblance avec les pyramides égyptiennes au point de se figurer que l'une d'elles pourrait se trouver ensevelie sous la terre juste là devant nos yeux.

De ce côté du Rhône également abondent les monuments antiques et les châteaux féodaux. Au loin, le superbe château de Grignan (cher à Madame de Sévigné), celui de Suze-la-Rousse, la tour de Crest...

On ignore trop fréquemment qu'à Donzère s'élevait aussi un château médiéval. Il a disparu depuis, mais les remparts, les fortifications s'y dressent toujours avec autant de fierté et de présence. Pareillement, Mondragon se pare de vestiges de remparts et l'on y flâne en riant dans les ruelles anciennes quand le soleil drape les pierres antiques.

Quant à notre berge, les vrais et jolis chemins de promenade, on les retrouve après Viviers. Attention ! L'un d'eux se termine brusquement en face d'un ruisseau (dans les 2 m de large). Si vous ne craignez pas de vous mouiller les pieds, il vous faudra marcher sur de grosses pierres qui affleurent ou patauger jusqu'au genou, selon le niveau de l'eau.

Ensuite, vous entrez dans un espace quasiment abandonné de toute présence humaine, mais débordant d'oiseaux et sillonné de sentiers pédestres. Des pistes où l'on croise parfois des chevaux trottant au loin avec leur cavalier.

À l'extrémité de cette zone semi-sauvage, pour rejoindre Bourg-Saint-Andéol, vous devrez dans un premier temps longer des vergers puis couper la Nationalc. Vous n'aurez d'ailleurs pas d'autre choix, puisque la Nationale 86 touche le Rhône.

Pierrelatte.

Juste pour vous amuser, vous traverserez le

Rhône pour un trottinement de 3 km en direction de Pierrelatte. Cette ville possède la particularité de se situer entre les deux bras du Rhône, mais aussi de pouponner un amphithéâtre de gazon cerné d'une falaise de roche (en plein centre-ville) et une ferme.... aux crocodiles (rassurez-vous, loin du centre pour ces derniers).

Une agglomération s'était établie au IX° siècle contre le rocher pour se protéger des violences du Mistral. Elle prit le nom de « Petralapta » signifiant « pierre large » lequel se transforma au fil du temps en Pierrelatte.

Après Bourg-Saint-Andéol, continuez rive droite.

En progressant d'une quinzaine de kilomètres, vous arriverez à Pont-Saint-Esprit.

Vous aurez le plaisir de voir le confluent du Rhône et de l'Ardèche. Beaucoup de Hollandais viennent y exercer leur talent de marin en descendant la rivière sur de frêles esquifs. La descente de l'Ardèche en kayak (ou en canoé) est une des gourmandises dont ils ne se rassasient pas. Si par chance, vous en croisez un, peut-être acceptera-t-il de vous faire traverser l'embouchure à cheval sur son kayak. Autrement, vous avez la possibilité de remonter l'Ardèche jusqu'au premier pont et de traverser alors sans risque de chavirer dans l'eau.

Ici, les habitants ont fait preuve d'esprit d'initiative en bâtissant un pont fabuleux. Un ouvrage d'un kilomètre de long, des arches multiples qui volent par-dessus les flots redevenus libres. Plus de barrages ni de canaux, rien ne les retient.

Autrefois, un monastère dédié au Saint-Esprit (celui de la Trinité) avait prospéré dans le voisinage. Du fait de ce nom, on avait fini par nommer la localité « Pont-Saint-Esprit ». Le pont lui-même fut construit sur près de 45 ans, de 1265 à 1309.

D'autres monuments, comme la Citadelle ou le prieuré, vous frapperont au bord du Rhône.

Plus loin, à Roquamaure, les riverains vous parleront du temps où un ancien pont enjambait le fleuve, mais qu'à la suite des travaux considérables, on a dû s'en séparer. Ils vous raconteront aussi les histoires passionnantes de « La côte du Rhône »

Vous êtes dans le département du Gard. Après Roquemaure, vous longerez des champs de poires, de nectarines – toute une agriculture dont vous parlera volontiers le propriétaire si vous croisez son tracteur.

Villeneuve-les-Avignon n'est plus très loin. Vous apercevrez très vite ses monumentales constructions datant elles aussi du Moyen-Age. Une Abbaye et un Fort (le Fort Saint-André) d'une ampleur à déborder le regard. L'objectif initial du fort – en date du XIV° siècle – était de protéger l'abbaye Bénédictine et le bourg de Saint-André qui s'y trouvait là. Toujours à deux pas du Rhône et 1 km plus en aval, la Tour Philippe-le-Bel dresse face au ciel une formidable masse de pierre non dépourvue de charme. Il faut absolument pénétrer en ses murs, façon de parler puisqu'elle n'est constituée que de blocs de pierre qui ne recèlent qu'une salle modeste au rez-de-chaussée et une autre bien plus petite au premier niveau. Elle comporte très loin au-dessus du sol (peut-être à 10 ou 15 m) deux terrasses revêtues de gazon. Au-dessous de ces terrasses, ce n'est pas du vide comme un balcon, mais des blocs et des blocs de pierre accumulés. À l'extérieur, l'oeil se perd dans une immensité plane jusqu'aux limites de la vision. Des péniches nonchalantes circulent sur le fleuve large et calme. Pas de dénivellation, pas de courant. La construction de la tour découle de la volonté de Philippe IV dit le Bel (un roi de belle apparence, l'on imagine), ceci dans le but de contrôler l'entrée du pont d'Avignon.

Après Villeneuve-les-Avignon, prenez rive gauche. Direction : Avignon.

Depuis la Tour Philippe-le-Bel, vous apercevez les toits d'Avignon. Plusieurs ponts y conduisent. Toutefois, cette belle cité cajole plus particulièrement l'un d'eux, un fameux pont brisé, le Pont Bénezet. Contrairement à ce que prétend la chanson, on n'y danse pas tout en rond, mais on peut la visiter. (Ne pas être pressé, car beaucoup de touristes viennent la voir aussi). Ce pont prit assise au Moyen-Age et traversait à cette époque tout le Rhône sur 915 mètres de long. (Le Rhône se divise en deux à Avignon et délimite ainsi une île très large.). Il fut achevé en 1185 et connut, vous vous en doutez, bien des aléas. Le dernier en date fut une crue désastreuse du Rhône qui emporta une partie des arches. Il n'en reste plus que quatre sur les vingt-deux.

Dans la ville même, la façade du Palais des

Papes est si lisse que l'on dirait du métal et non de la pierre. Il servit d'écrin à la papauté lorsque le pape Clément V vint s'installer à Avignon en 1309, à la suite des troubles qui agitaient le siège de Rome. Autre monument ayant traversé les siècles et l'histoire : des remparts extraordinaires de huit mètres de haut cernent le coeur d'Avignon de leurs épaisses murailles sur une courbe de quatre kilomètres.

Un peu plus au sud, à trois kilomètres de là, la Durance, oublie sa montagne native pour se reposer dans le Rhône.

Avignon fut dès l'origine une ville indépendante gouvernée par une coalition locale comprenant les chevaliers et les notables (les habitants fortunés). Un fait particulièrement rare. Inutile de préciser que les rois de France ne regardaient pas tous cette indépendance d'un oeil amical. Louis VIII, moins que les autres. Il prit d'assaut la ville d'Avignon, fort des troupes dont il disposait alors qu'il menait « la croisade des Albigeois »

D'AVIGNON À LA MER.

Nous ne sommes plus très loin de

l'embouchure. Le paysage est désormais très plat, le Rhône de moins en moins pressé, et les randonneurs, cyclistes et promeneurs plus nombreux. C'est un euphémisme que d'affirmer que les touristes (français et étrangers) s'invitent volontiers dans cette région ensoleillée qui teint leurs sourires d'un rayon si amical.

Vous croiserez inévitablement des voitures, vous les entendrez aussi ronfler à proximité.

Que vous empruntiez la rive droite ou la rive gauche, la voie est de toute façon très claire.

À Tarascon (bâtie à l'origine sur un rocher cerné de marécages nommé Tarasco), la ville nous offre fièrement la vision d'un château d'une stature extraordinaire. Un vrai château fort avec créneaux et meurtrières en haut de sa muraille de pierres, protégé comme il va de soi par de profondes douves. Le château du Roi René.

Après Tarascon, prenez rive droite.

Sur la rive droite, des bateaux rêvent paisiblement dans le très joli port de Beaucaire rendu encore plus limpide par les reflets clairs du ciel à la surface de l'eau.

Vous n'avez plus que 10 km pour arriver en Arles qui rayonne aux portes de la Camargue.

À l'instar de ses voisines, elle recèle des monuments très anciens. Déjà, les Romains avaient l'habitude d'utiliser le fleuve comme voie de circulation et de transport de marchandises et avaient érigé des quantités d'édifices (aqueducs, temples, amphithéâtres....) là où ils s'étaient établis. À la chute de leur empire, le monde médiéval avait accru le nombre de constructions, principalement dédiées à la défense (tour, donjon, châteaux...)

En Arles, la dimension des arènes donne une idée précise de l'impact des Jeux à l'époque des Romains. Des spectacles s'y déroulent encore de nos jours. D'autres mesures provoquent aussi le vertige. Selon le registre des mairies, la commune d'Arles occupe une superficie de 758 km², ce qui en fait la plus grande ville de France. En contraste : Paris (405 km²) ; Avignon (64 km²). L'essentiel du terrain ne comportant que de la terre (nous sommes en Camargue) et de l'eau.

C'est en Arles que le Rhône se sépare (de lui-même) en deux bras pour former le Delta du Rhône. Le Petit Rhône est nettement plus étroit que le Grand Rhône, mais il a quand même une belle allure. Et l'un comme l'autre mène à la mer qui ne se trouve plus très loin.

Si vous choisissez le Grand Rhône, il vous conduira à Port-Saint-Louis-du-Rhône (proche du Salin-de-Giraud et en face de Port-de-Bouc et de Martigues), tandis que le Petit Rhône finit près des Saintes-Maries-de-la-Mer.

Port-Saint-Louis fut créé par décision officielle. Tout a démarré à partir de l'installation sur ce site d'un port en 1881. Ce n'était qu'un point de commerce et d'échanges. Des personnes se sont ensuite établies à proximité, des pêcheurs y ont bâti leur cabanon... En 1904, la population était suffisamment importante et stable pour mériter un acte de naissance en tant que commune de France. En 1981, fermeture du port et son transfert beaucoup plus loin. La ville transforma le bassin en port de plaisance à partir de 1989 et les belles plages de sable fin s'ouvrirent davantage aux touristes en quête de mer bleue.

Les Saintes-Maries-de-la-Mer sont également réputées pour leurs magnifiques plages au sable aussi fin que celui des îles tropicales. La légende rapporte que deux saintes Dames répondant au prénom de Marie

(Marie Jacobé et Marie Salomé) avaient échoué ici leur embarcation de fortune. Les Gitans et d'autres personnes honorent cet épisode en venant aux Saintes-Maries chaque printemps (les 24 et 25 mai) lors d'un pèlerinage véritablement sacré. Une cérémonie de foi et de souvenir.

Les Saintes-Maries-de-la-Mer c'est aussi le soleil lumineux, le frémissement des vagues sur les plages, les flamants roses et le galop des chevaux.

Si vous suivez le Petit Rhône, environ deux kilomètres avant son embouchure, l'accès au fleuve est interdit sur une bande de terre d'une cinquantaine de mètres. Barbelés et panneaux d'interdiction vous le mentionnent très précisément. Gardez-vous d'y pénétrer, certains secteurs comportent plus de mer que de terre et un risque certain d'y être englouti sans que quiconque s'en aperçoive. Entre broussailles et roseaux, nul ne vous verra, si tant est que quelqu'un se promène dans les environs.

La marche dans la Camargue, en plein juillet n'est guère pénible pour les pieds, mais pour le crâne, oui. Un soleil constant qui frappe comme une masse. Aucun arbre. Si besoin était (manque d'eau, épuisement, etc.), n'hésitez pas à vous arrêter dans un des ranchs. Les propriétaires y sont très sympathiques. Vous caresserez la robe des chevaux et parlerez de manades et de taureaux.

Vous reprendre alors votre marche sous les éclairs bleus ou orange des libellules qui scintillent au soleil.

À l'embouchure du Rhône, de gros blocs de roche brisent les élans de la mer.

Assis sur un de ces rochers, votre regard se perd dans les reflets étincelants de la Méditerranée, dans la houle qui se soulève et qui vient vous toucher par moments.

Et cette pétillante odeur d'iode marin qui se mélange à l'azur et au bleu des vagues.

Fin du voyage

Glacier du Rhône – 27 juin 98.

Du haut de la falaise, le début du Rhône

Le Torrent du Rhône au bas de la falaise

Juste après Gletsch, le Rhône d'un blanc de neige.

Début du Léman, à Bouveret - un lac d'azur.

Yvoire – cité médiévale qui déborde de fleurs.

Avant le Défilé de l'Écluse, le Rhône large et calme.

À Lyon, le Rhône navigue entre le bleu et le vert.

Vienne, le temple d'Auguste et de Livie.

Du Belvédère de Tournon, Tain et la vallée.

Le Rhône canalisé, fleuve bleu - éclair du chemin.

Valence, le superbe Parc Jouvet en face du Rhône.

Montélimar, le jardin public où savourer vos nougats.

Pont Saint-Esprit et son immense pont.

Avignon – le pont Bénezet pour trois pas de danse.

Tarascon et le beau château du roi René.

Arles et ses magnifiques arènes

La Méditerranée, des flots de bleu sous le mistral.

INFORMATIONS COMPLÉMENTAIRES

Étymologie du mot Rhône

À l'époque de l'Empire romain, le Rhône s'appelait « Rhodanus ». C'est le point dont on est absolument sûr

Si l'on veut remonter plus loin dans le temps et connaître l'origine de « Rhodanus » les avis divergent.

Certains se fondent sur des documents antiques comme les écrits de Pline l'Ancien (23 à 79 apr. J.-C.) indiquant que Rhodanus provient de « Rhodien » (habitant de Rhodes ou ayant trait à Rhodes). Rhodes étant une île grecque.

D'autres évoquent le fait que les Grecs appelaient ce fleuve « Eridanos ». D'autres encore précisent que les habitants locaux le désignaient sous le terme de « Rhodanos », tout ceci avant l'installation des Romains.

Le Rhône cyclable du glacier à la mer.

Il existe un projet qui consiste à créer une piste cyclable qui irait du glacier du Rhône à la mer. À l'heure actuelle, plusieurs tronçons ont déjà été aménagés associant les communes, les départements, les régions, la Compagnie Nationale du Rhône et différents autres acteurs du fleuve trop nombreux pour qu'on puisse les nommer tous.

Il se peut donc qu'un jour, le périple que j'ai effectué entièrement à pied, d'autres le découvriront à leur tour à bicyclette. Ou s'en approcheront, car je doute que l'on abatte des arbres de la forêt au sud de Génissiat pour y construire unc piste. Il est plus probable qu'on la contournera à un autre endroit.

Quoi qu'il en soit, bon voyage à tous.

INFORMATIONS GÉOGRAPHIQUES

Le Rhône est un fleuve, c'est-à-dire qu'il se jette dans la mer. (Une rivière est un cours d'eau qui se jette soit dans une autre rivière soit dans un fleuve).

Il mesure 812 km et prend son départ dans le Mont Saint-Gothard en Suisse alémanique (de langue allemande), dans le canton du Valais et finit en France (en Camargue, sous forme d'un delta) dans la mer Méditerranée.

Le Mont Saint-Gothard est inclus dans un ensemble montagneux extrêmement vaste : la chaîne des Alpes (1 200 km de long, 400 km de large) qui s'étend du sud-est de la France à l'Italie, touche l'Allemagne, l'Autriche, la Slovénie et couvre toute la Suisse. Un mont est un emplacement très élevé et généralement pointu par rapport au terrain alentour. Il existe donc une multitude de monts dans les Alpes, le plus connu étant le Mont Blanc (4 810 m d'altitude).

Altitude de la source du Rhône

Le Rhône naît d'un glacier – le « Glacier du Rhône » (ou Rhonegletscher). L'endroit même où le Rhône prend son départ change selon l'époque, car un glacier est vivant. D'une part, il glisse sur les pentes du fait de son poids, mais ce mouvement est d'une très grande lenteur et pas du tout perceptible à l'oeil. Pour un être humain, un glacier reste immobile.

D'autre part, les variations de température font qu'à

certaines périodes un glacier va grossir, et à d'autres il va se réduire.

Comme ces derniers temps, le glacier du Rhône connaît une phase de réduction, l'altitude de départ du Rhône s'élève donc chaque année.

Toutefois, un point permet de s'approcher de cette altitude. Il s'agit du Belvédère, une construction par laquelle on accède à l'extrémité du glacier. Ce Belvédère se trouve à 2 272 m.

On peut donc affirmer qu'en l'année 2 010, le Rhône prend sa source aux environs de 2 270 m d'altitude.

Le glacier du Rhône

C'est un des plus importants glaciers de la Suisse. Il mesure près de 9 km de long et couvre une superficie de 17 km^2.

Il se déploie sur une pente très prononcée dont la pointe la plus basse est actuellement aux environs de 2 270 m et grimpe à plus de 3 500 m d'altitude.

Cette extrémité est souvent couverte de particules diverses (sables, poussières, etc.) sur une centaine de mètres. Au-delà, la surface est claire et l'on distingue au loin des falaises de glaces d'un bleu extraordinairement limpide, comme si une écharpe de ciel y était figée.

Ce bleu n'est pas un reflet du ciel, mais causé par un phénomène optique qui fait que seule la couleur bleue de la lumière (qui comprend toutes les couleurs de l'arc-en-ciel) nous est renvoyée. Ceci ne peut avoir lieu que si la glace est pure. Lorsque des bulles d'air sont prises dans la glace, elle reprend son aspect de glace plus ou moins blanche, plus ou moins transparente, selon la quantité de bulles.

Les trois fleuves du Mont Saint-Gothard et la ligne de partage des eaux

Un des versants du Mont Saint-Gothard donne naissance au Rhône qui continuera vers la France. À l'opposé du Glacier du Rhône, nous avons la source du Rhin, qui traversa l'Allemagne. Un troisième versant, voit le départ du Tessin, une rivière affluent du Pô, le grand fleuve d'Italie.

Le Mont Saint-Gothard se trouve être une ligne de « partage des eaux ». C'est-à-dire que toutes les eaux qui coulent sur certains côtés de la montagne (pluie, fonte des neiges, glace fondue, etc.) iront vers la Méditerranée. Et tout ce qui coule sur les autres côtés s'en ira en direction de la mer du Nord.

PAYS, CANTONS ET DÉPARTEMENTS TRAVERSES

Le Rhône traverse deux pays : la Suisse où il prend naissance et la France où il se jette dans la Méditerranée.

LA SUISSE

La Suisse est constituée de cantons (des territoires autrefois indépendants qui se sont soudés pour créer un seul état, la Confédération helvétique).

Le Rhône naît dans le canton du Valais, traverse le canton de Vaud puis le canton de Genève.

Il traverse donc trois cantons en Suisse.

LA FRANCE

Principaux départements traversés (ou longés)
- La Haute-Savoie (département 74 - capitale Annecy),
- L'Ain (département 01 - capitale Bourg-en-Bresse)
- La Savoie (département 07 - capitale Chambéry)
- l'Isère (département 38 - capitale Grenoble)
- Le Rhône (département 69 - capitale Lyon)
- La Loire (département 42 - capitale Saint-Étienne)
- La Drôme (département 26 - capitale Valence)
- l'Ardèche (département 07 - capitale Privas)
- Le Gard (département 30 - capitale Nîmes)
- Le Vaucluse (département 84 - capitale Avignon)
- Les Bouches-du-Rhône (département 13 - capitale Marseille).

LES DIFFÉRENTS PAYSAGES DES ABORDS DU RHÔNE
Tout au long de la vallée

Aux alentours du glacier

Au départ du Rhône, c'est la haute montagne. À l'extrémité du glacier : paysage de glace, de roche et de neige. En été, lorsque la neige a fondu, la roche du massif se présente sous une couleur ocre, brillante, sans aucune végétation. Sous la pointe du glacier : un lac à l'eau entre le vert pâle et le blanc. Autour de ce lac, des rochers brisés (appelés des moraines) parfois presque blancs.

Quelques dizaines de mètres plus bas, une mousse verte se déploie sur les parois de la montagne, et encore un peu plus bas, c'est le début d'une herbe courte.

Sur les flancs de la montagne, les hommes ont tracé un chemin bitumé, en lacets. Des murets de pierres courent tout le long de la route, sur plusieurs kilomètres. Ils sont collés à la montagne pour éviter des écoulements ou des éboulements sur la route.

Au bas de la falaise, là où le torrent coule réellement : une zone plane d'environ trois kilomètres jusqu'à Gletsch. La végétation, des herbes sauvages parfois très hautes, de différentes espèces, se développe. Par instants, le tapis d'herbes ressemble à celui d'une prairie. D'ailleurs, plus on descend, plus la végétation se fait dense, et plus la terre est riche et épaisse.

Ensuite et jusqu'à Oberwald, le Rhône est un torrent très fougueux, de couleur opale, voire blanche. Il traverse ici et là de grands défilés, des falaises de roche qui ne permettent aucun accès au bord de l'eau. On domine le torrent du haut de la crête. En s'approchant d'Oberwald, les falaises diminuent de hauteur et s'éloignent du bord du torrent, laissant place à un sentier (qui grimpe et redescend, et regrimpe, etc.). Sur la rive gauche, une petite falaise (très modeste) suit le cours du Rhône et supporte une route bitumée pour voiture.

D'Oberwald à Sierre.

Sur environ 50 km, le Rhône va rouler dans une vallée encaissée dominée par de grands pics derrière lesquels on peut visiter d'autres glaciers. Notamment, le glacier l'Aletsch (le plus important de Suisse avec ses 23 km de long) à quelques kilomètres du Rhône.

Des forêts de sapins couvrent par moments les flancs de la montagne, surtout du côté droit.

Beaucoup de pâturages, d'élevages de vaches (de chèvres parfois) et production de fromages. Les alpages sont parsemés de petites granges qui abritent du foin.

Aux alentours de Sierre, un espace presque sauvage : la forêt de Finges.

De Sierre au Léman.

Après Sierre et jusqu'au Lac Léman, les flancs de

la montagne s'éloignent de plus en plus des bords du Rhône. Plus de pâturages, mais des cultures : des vergers et de la vigne côté droit, souvent de grands champs côté gauche. On découvre ça et là des petits canaux d'irrigation.

Des gravières happent le sable et le gravier sur la rive gauche.

Le lac Léman.

Il comble une imposante cuvette au coeur de la montagne et laissée à découvert depuis le recul du Glacier du Rhône à la fin de l'époque glaciaire il y a 15 000 ans. Au début du Léman, sur les huit ou dix premiers kilomètres, les pentes abruptes sont très proches du lac (à certains endroits, elles vont même toucher l'eau). À partir de la frontière avec la France (et de Montreux sur la côte opposée), elles s'éloignent progressivement. Du côté Suisse, elles sont remplacées par une grande étendue plane, tandis que du côté français (rive gauche), une bande de terrain assez plat de quatre ou cinq kilomètres de large sépare la montagne du lac. Par temps clair, quand le regard se lève, il distingue nettement le Mont Blanc parmi les innombrables pics et monts.

Le lac (73 km de long, 13 km dans sa plus grande largeur) ressemble à une mer intérieure. Par beau temps, les eaux sont d'un bleu saisissant. Par mauvais temps, le vent peut souffler très violemment.

De Genève au défilé de l'Écluse

Après Genève, le terrain est assez plat. Quelques prairies vont alterner avec des bois ou de petites forêts. Le Rhône est calme, sans aucun mouvement de courant – son cours est régulé par des barrages. Plus on s'approche du Défilé de l'Écluse et plus le fleuve s'élargit jusqu'à huit cents mètres d'envergure.

Du Défilé de l'Écluse à Seyssel.

À hauteur du Défilé, le terrain s'élève subitement de chaque côté du Rhône et retrouve un aspect de petite montagne arrondie. Tandis que la vraie et haute montagne se dessine en arrière-plan vers l'horizon.

Les parois de la montagne se resserrent et forment un long couloir au fond duquel coule le Rhône. Là également, la végétation alterne entre bois, prairies, bosquets. Et ainsi jusqu'à Génissiat.

À Génissiat, depuis le barrage, on observe du côté gauche une falaise abrupte (couverte d'arbres) qui tombe quasiment à pic dans l'eau. À gauche : une falaise plus modeste, moins raide, et une zone de forêts coupées de taches brunes (des champs).

De chaque côté, on aperçoit une ligne de montagne plus élevée : les Alpes sur la gauche, le Jura sur la droite. La forêt se termine au village de Surjoux. Ensuite, le sol est plat jusqu'à Seyssel et au-delà. À proximité : des collines couvertes de végétation. Le Rhône n'est animé par aucun courant perceptible.

De Seyssel à Lyon

Le paysage est de plus en plus plat, nous entrons dans « la Plaine de l'Ain ».

Au bord du Rhône, on rencontre des zones de loisirs, de baignade.

Une petite aire marécageuse (mais pas au bord même du fleuve) s'étire sur une dizaine de kilomètres après Culoz : les marais de Lavours.

Le fleuve est canalisé à plusieurs endroits. Les industries ne sont pas visibles. En revanche, de très vastes champs occupent les berges, pour beaucoup dédiés à la culture du maïs.

Agglomération lyonnaise

À partir de Jonage, une immense zone de loisirs s'étend entre le vieux Rhône et le Rhône canalisé.

Côté canal : une piste cyclable jusqu'à Lyon. Après Décines-Charpieu, dès que l'on quitte le chemin de promenade, on entre dans les villes. En levant les yeux, notre champ de vision s'emplit de hauts et grands immeubles de toute l'agglomération.

Côté vieux Rhône : tout d'abord des champs de maïs, puis des petits sentiers jusqu'à l'entrée dans l'agglomération lyonnaise.

De Lyon à Vienne.

Paysage urbain : routes, immeubles, industries, etc. jusqu'à Pierre-Bénite (rive droite) et Feyzin (rive gauche).

Ensuite, des itinéraires de promenades, des

petits chemins, des îles à découvrir, des zones semi-naturelles.

Sur la rive gauche, une autoroute longe toute la berge.

De Vienne à Loriol-sur-Drôme
(au sud de valence).

Rive gauche, le terrain est dans l'ensemble assez plat jusqu'à l'embouchure de la Drôme (rivière affluent du Rhône). On y cultive beaucoup la pêche, mais aussi la vigne sur certaines collines comme à Tain-l'Hermitage.

Rive droite, c'est plus mouvementé. Les bords mêmes du Rhône sont plats, mais pas sur une très grande largeur. Une élévation de terrain va suivre presque tout le cours du fleuve. De Vienne à Serrières : le Massif du Pilat, du moins ses contreforts. De Serrières à Tournon-sur-Rhône : une petite plaine étroite. Après Tournon, la montagne revient. Il s'agit des Plateaux du Vivarais qui annoncent le Massif Central.

Les coteaux sont largement tournés vers la culture de la vigne qui enveloppe leur flanc.

De Loriol à Pont-Saint-Esprit

Rive gauche, la montagne se rapproche du Rhône. Elle reste encore en retrait par rapport au fleuve, mais l'on distingue à quelques kilomètres à peine, des monts qui se dessinent contre le ciel.

Rive gauche, les Plateaux du Vivarais continuent leur course très près du Rhône. Des châteaux

médiévaux apparaissent sur certaines crêtes.
Ceci jusqu'à hauteur de l'Ardèche (la rivière) et de Pont-Saint-Esprit.

Le Rhône très large coule très calmement et sans réel mouvement.

De Pont-Saint-Esprit à la mer.

Hormis de petites élévations ici ou là, le terrain aux alentours du Rhône s'élargit en devenant de plus en plus plat.

À partir de Pont-Saint-Esprit, le Rhône reprend petit à petit de la vitesse (plus de barrages pour l'arrêter). On va le voir plus souvent avec des reflets blancs causés par la force du courant. Ce ne sera que sur un court trajet, car après Avignon, la dénivellation est si faible que le courant se ralentit de lui-même.
En été, l'herbe est jaunie, grillée par un soleil fort.

Des châteaux magnifiques, des monuments datant de l'époque romaine et de l'époque médiévale se multiplient, parfois au bord même du fleuve.

Après Arles, le terrain est d'une platitude insensée. C'est la Camargue.
Le Rhône se sépare en deux bras dans la commune d'Arles pour former un Delta. Ces deux

bras sont en quelque sorte les frontières de la Camargue. Le Grand Rhône finit à Port-Saint-Louis-du-Rhône, à une quarantaine de kilomètres de Marseille.

Le Petit Rhône termine sa course aux Saintes-Maries-de-la-Mer.

La Camargue est sillonnée de canaux d'irrigation. On y cultive du riz. Elle comprend aussi de très vastes étangs, comme « l'Étang de Vaccarès ».

De grandes zones sont réservées à l'élevage de chevaux ou de taureaux qui est un des points saillants de la Camargue, sous le vol des flamants roses.

De l'autre côté du Petit Rhône, à l'ouest, cette région s'appelle la Petite Camargue. Au-delà du Grand Rhône, à l'est, s'étend la Plaine de la Crau. Une des ressources économiques est la production de sel grâce aux marais salants.

Chaque année, le Rhône charrie 20 milliards de mêtres cubes d'alluvions diverses (graviers, sables, limons) qui se déversent dans la mer. Entraînée par le courant, une partie se dépose plus loin sur la côte de Languedoc et celle de Fos, mais rarement sur les côtes de la Camargue. L'inconvénient : la mer (les vagues, etc.) grignote la côte entre les deux bras du Rhône. Des digues ont donc été érigées pour abriter les plages des Saintes-Maries-de-la-Mer de ce phénomène.

Au bout de la Camargue, nous avons les plages, puis la mer Méditerranée. Celle-ci ne connaît pas l'action des marées, car elle n'est reliée à l'océan (l'Atlantique) que par une étroite ouverture, le Détroit de Gibraltar.

LA CARTE DU RHÔNE

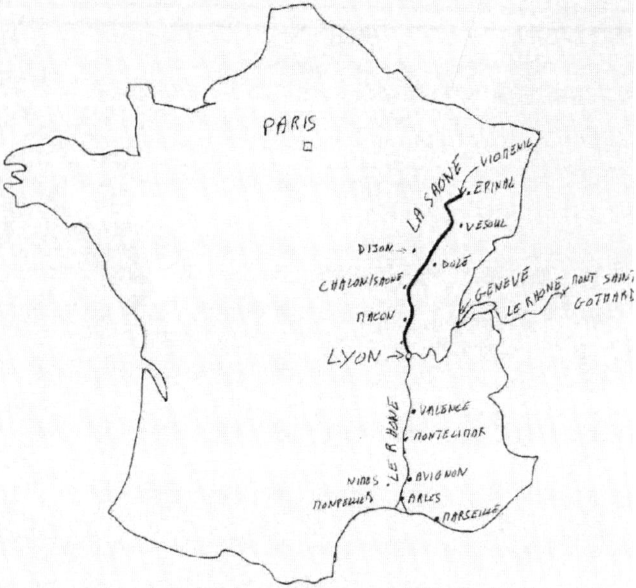

Le trait fin représente le cours du Rhône depuis la Suisse, au Mont Saint-Gothard, jusqu'à la mer. Le trait fort, un de ses importants affluents, la Saône.

Quelques grandes villes y sont mentionnées pour mieux situer l'ensemble du trajet.

PRINCIPALES COMMUNES DES BORDS DU RHÔNE

Suisse alémanique (langue allemande) : Brig, Naters, Susten, Sierre (à la frontière entre Suisse alémanique et Suisse romane).

Suisse romane (langue française) : Sion, Martigny, Monthey, St Gingolph (frontière française).

Côté Suisse du Lac : Montreux, Vevey, Lausanne, Nyon.

Côté France du Lac : Évian-les-Bains, Thonon-les-Bains.

Suisse romane : Genève.

France (en amont de Lyon) : Bellegarde-sur-Valserine, Seyssel, Culoz, Yenne, Saint-Genix-sur-Guiers, Belley, Lagnieu, Loyettes, Anthon et Villette d'Anthon, Miribel, Jonage, Meyzieu, Décines-Charpieu, Vaulx-en-Velin, Villeurbanne, Rillieux-la-Pape, Caluire-et-Cuire, Lyon.

France (en aval de Lyon) : La Mulatière, Saint-Fons, Feyzin, Oullins, Pierre-Bénite, Vernaison, Grigny, Givors, Vienne, Le-Péage-de-Roussillon, Serrières, Saint-Vallier, Tain-l'Hermitage, Tournon-sur-Rhône, Saint-Péray, Bourg-les-Valence, Valence, Portes-les-Valence, La-Voulte-Sur-Rhône, Loriol-sur-Drôme, Rochemaure, Montélimar, le Teil, Viviers, Pierrelatte, Bollène, Bourg-Saint-Andéol, Pont-Saint-Esprit, Roquemaure, Villeneuve-les-Avignon, Avignon, Tarascon, Beaucaire, Arles, Saintes-Maries-de-la-

Mer, Port-Saint-Louis-du-Rhône.

Quelques distances depuis le glacier
(chiffres mesurés selon les cartes et arrondis)

- **Entrée du Rhône dans le lac Léman** : à 160 km de marche depuis le glacier.
- **Genève**, à l'endroit **où le Rhône sort du Lac** : à 235 km de marche du glacier.
(En marchant du côté français, à gauche. Si l'on marche du côté droit, le nombre de kilomètres de marche est supérieur, car le lac forme une courbe.)
- **Lyon** : à 430 km de marche du glacier.

Remarque : à certains endroits, le Rhône se divise en plusieurs bras dont l'un est parfois beaucoup plus long que l'autre (comme à Saint-Genix-sur-Guiers par exemple). Selon le bras suivi, la distance sera plus importante. Ici, vous avez l'estimation si vous empruntez les bras les plus courts.

PRINCIPAUX AFFLUENTS DU RHÔNE

Ci-après, vous avez les rivières et les ruisseaux importants. Les principales rivières sont indiquées en gras. Entre parenthèses : l'endroit où le cours d'eau se jette dans le Rhône. Tous les affluents ne sont pas indiqués. (Un ouvrage spécifique sur ce thème est en préparation.)

DU GLACIER AU LEMAN

Rive Gauche : Un ruisseau (quelques dizaines de mètres après la chute du torrent en provenance du glacier), un cours d'eau (vers Oberwald), Binna (vers Grengiols), **Vispa** (à Visp), Turtmäna (avant Susten), le Navisence (à Sierre), La Drance (à Martigny), Le Trient (à Pont de Gueroz, après Martigny), Le Saint Barthélemy (près de La Rasse), La Vièze (à Monthey)

Rive Droite : Le Lonza (à Gampel), Le Dala (à Leuk), La Liène (vers St Léonard), La Morge (après Sion), La Lizerne (avant Ridde), L'Avançon (à Bex), La Gryonne (après Boex, en face de Monthey), **Grande Eau** (vers Yvorne).

LE LÉMAN

Côté Gauche : Le Forchez (à St Gingolph, Frontière avec la France), Le Forchez (France) ruisseau à Neuvecelle, **La Dranse (**à Publier près de Thonon-les-Bains), Le Pamphiot (à Anthy sur Léman), Le Redon (début de Sciez), Le Dronzet, **Le Foron**, Le Vion (fin de Sciez), L'Hermance (à Hermance) frontière avec la Suisse).

Côté Droit : La Veveyse (à Vevey), **Venoge** (près de Lausanne), le Versoix (à Versoix, près de Genève).

DE GENÈVE À LYON

SUISSE

Rive Gauche : **L'Arve** (Suisse - à Genève) .
Rive Droite : L'Allondon (à La Plaine, en face de Cartigny - banlieue de Genève).

FRANCE

Rive Gauche : **Les Usses** (entre Bassy etSeyssel), **Le Fier** (Châteaufort), Le Flon (Yenne), canal de Savières (Chanaz), **Le Guiers** (St Genix / Guiers), La Bièvre (St Didier), La Chogne (Creys-Mépieux/Bouvesse/Quirieu, Le Furon (Montalieu), L'Amby (Yères sur Amby), **Le Bourbre** (Pt-de-Chéruy).

Rive Droite : **La Valserine** (Bellegarde-sur-Valserine), Le Peysieu, La Dorde et Le Volage (Corbonod), **Le Séran** (vers Culoz), **Le Furans** (Furans), Le Montgelaz (Murs-Gélinieux), Le Gland (Evieu), Le Brivaz, La Pernaz (Serrières de Briord), Le Nérivent (Sault-Brenaz) **L'Ain** (en face d'Anthon), Le Cotey (Nièvroz), La Sereine (St Maurice de Beynost), La Barie (Rillieux).

DE LYON À VALENCE

Rive Gauche : La Rize (Lyon), **L'Ozon** (Sérézin-du-Rhône), Le Gorneton (Chasse/Rhône) **La Sevenne** (Vienne – Etressin), **La Gère** (à Vienne), L**e Varèze** (Saint Alban du Rhône), **La Sanne** (Salaize sur Sanne), Le Dolon (Sablons), Collières (Saint Rambert d'Albon), Le Bancel (Andancette), Le Cance (à Cance), L'Ay (à Sarras), Le Galaure (à Saint-Vallier), **L'Isère** (à Bourg-les-Valence).

Rive Droite : **La Saône** (Lyon), **L'Yzeron** (à Oullins), **Le Garon** (entre Grigny et Givors), **Le Gier** (Givors), Le Rolland et Le Siffet (Loire-sur-Rhône), La Vézérance, Le Felodière et Le Reynard (à Ampuis), L'Aulin, Le Bassenon, **L'Arbuel** (Condrieu), Le Chanson (Chavanay), Le Limony (face au Péage de Roussillon), Le Moure (Serrières), La Cance et le Torrenson (Andance), **Le Doux** (Tournon sur

Rhône), Le Mialan (entre St-Péray et Guilherand-Granges)

VALENCE : Valence (rive gauche) : L'Épervier, et beaucoup de canaux.

DE VALENCE À ARLES

Rive Gauche: Le Véore (vers Les Petits Robins), **La Drôme** (près de Loriol et Livron-sur-Drôme), La Tessonne (à Saulce sur Rhône), **Le Roubion** (à Montélimar), **Le Berre** (au sud de Donzère, près de la Garde Adhémar), Le Lauzon (avant Bollène), Le Lez (près de Bollène et Montdragon), Canal de Donzère à Mondragon, La Mayre de la Laune et des ïles (Mondragon)

(***Entre le Canal de Donzère et le vieux Rhône*** : Le Berrre à Pierrelatte ; le Lauzon)

L'Aigues (Caderousse), **La Meyne** (près de Caderousse), **L'Ouvèze** (ne pas confondre avec l'Ouvèze de l'Ardèche qui finit au Pouzin. L'Ouvèze du Vaucluse se termine dans la plaine des Sorgues, à Bédarrides), **La Durance** (Avignon), « Canal des Alpines » (avant Arles).

Rive Droite : L'Embroye (Charmes sur Rhône), **L'Eyrieux** (à Beauchastel), **L'Ouvèze** (au Pouzin, ne pas confondre avec l'Ouvèze du Vaucluse qui finit a Bédarrides), **Payre** (à Payre), Le Sichier (vers Cruas), Le Lavèzon (à Meysse), **Le Frayol** (au Teil), L'Escoutay (à Viviers), La Riaille (à Chateauneuf du Rhône), Conche , La Tourne (à Bourg-saint-Andéol), **L'Ardèche** (vers Pont St Esprit), **La Cèze** (à Codolet), **Le Gard** (à Comps, avant Beaucaire), « Canal du Rhône à Sète » (à Beaucaire),

puis une multitude de canaux qui vont à la mer ou qui sillonnent la Camargue.

LES ÉTAPES DU VOYAGE

(du 27 juin au 29 juillet 1998)

Voici dans l'ordre chronologique, chacune des étapes de mon voyage, c'est-à-dire, les endroits où je me suis arrêté le soir pour camper et dormir.

Suisse : Refuge de Furkapass (vendredi 26 juin)

Départ (27 juin au matin)

- Ulrichen (samedi 27 juin)
- Ernen (dimanche 28 juin)
- Naters (lundi 9 juin)
- Raron (mardi 30 juin)
- Susten (mercredi 1er juillet)
- Chippis (Sierre) (jeudi 2 juillet)
- Riddes (vendredi 3 juillet)
- Evionnaz (samedi 4 juillet)
- Les Evouettes (dimanche 5 juillet).

France :

- Amphion les Bains (lundi 6 juillet)

Suisse :

- Hermance (mardi 7 juillet)

- Genève (mercredi 8 juillet)
- Chancy (jeudi 9 juillet)

France :

- Injoux Génissiat (vendredi 10 juillet)
- Culoz (samedi 11 juillet)
- Belley (dimanche 12 juillet)
- Brens (lundi 13 juillet)
- Groslée (mardi 14 juillet)
- Lagnieu (mercredi 15 juillet)
- Jons (jeudi 16 juillet)
- Lyon (du vendredi 17 juillet au lundi 20 juillet)
- Sainte-Colombe (mardi 21 juillet)
- Serrières (mercredi 22 juillet)
- Tournon (jeudi 23 juillet)
- Soyons (au sud de) (vendredi 24 juilet)
- Montélimar (samedi 25 juillet)
- Pont-Saint-Esprit (un peu après) (dimanche 26 juillet)
- Sauveterre (avant Avignon) (lundi 27 juillet)
- Beaucaire (mardi 28 juillet)
- Les Saintes-Maries-de-la-Mer (mercredi 29 Juillet).

INDEX DES NOMS CITÉS

N. B. : Pour les cours d'eau, une page spécifique regroupe les principaux affluents, page 129.

Du même auteur

La Seine à pied de la Source à la mer.
(Album photo et description des chemins, suite au voyage de l'auteur à pied le long de la Seine.)

Descente de la Saône à pied, histoire d'un fleuve-trotteur.
(Carnet de voyage à pied le long de la Saône.)

Séquana la légende de la Seine.
(une histoire inspirée de la légende de la Seine.)

Merveilles & Mystères.
(Recueil d'histoires merveilleuses ou mystérieuses qui se sont réellement passées.)

Le Rhône au vers fil de l'eau.
(Voyage le long du Rhône raconté sous forme d'acrostiches.)

Les Hortours – Dans l'enfer de la jungle.
(roman d'aventures et de science-fiction.)

Pour les enfants

- La série : Tomy le petit magicien.
- Poupeline et le mystère des oeufs perdus.
- Rousseline et les oeufs de Pâques.
- Laetitia la petite sirène
- L'égoutier qui voulait être roi
- Le secret du Président
- Annette et le Dragon
- L'école des fées

Site : www.conte.patrickhuet.fr

Le Rhône à pied du Glacier à la mer.

MIXTE
Papier issu de sources responsables
Paper from responsible sources
FSC® C105338